EDITORIAL ARDEA

El Príncipe

ARDEA EDITORIAL

COLECCIÓN ENSAYO

Niccolò di Bernardo dei Machiavelli (1469-1527) fue un influyente pensador, político y escritor italiano del Renacimiento. Nació un 3 de mayo en Florencia, en el seno de una familia de la burguesía, lo que le permitió recibir una educación sólida en humanidades y en filosofía. A lo largo de su carrera trabajó en la administración y diplomacia de la República de Florencia, desempeñando misiones en diversas cortes europeas y adquiriendo una profunda comprensión de la política y el poder, plasmadas en su obra más famosa, *El Príncipe* (1513). En 1512, con la caída de la República y el retorno de los Médici al poder, Machiavelli fue acusado de conspiración y encarcelado. Tras ser liberado, se retiró a su finca en San Casciano, cerca de Florencia, donde escribió la mayor parte de sus obras más conocidas. Finalmente, Machiavelli falleció el 22 de junio de 1527 en su casa, dejando un impacto duradero en la política y la teoría política, a pesar de que a menudo fue polémico en su época.

El Príncipe

Nicolás Maquiavelo

Calle Chiva, 43 — 46018, Valencia
e-mail: info@ardeaeditorial.com

Texto: Niccolò di Bernardo dei Machiavelli
ISBN: 978-84-10011-31-1
Depósito legal: V-2899-2024

Impreso en España / Printed in Spain

ÍNDICE

Dedicatoria

Los que desean congraciarse con un príncipe suelen presentársele con aquello que reputan por más precioso entre lo que poseen, o con lo que juzgan más ha de agradarle; de ahí que se vea que muchas veces le son regalados caballos, armas, telas de oro, piedras preciosas y parecidos adornos dignos de su grandeza. Deseando, pues, presentarme ante Vuestra Magnificencia con algún testimonio de mi sometimiento, no he encontrado entre lo poco que poseo nada que me sea más caro o que tanto estime como el conocimiento de las acciones de los hombres, adquirido gracias a una larga experiencia de las cosas modernas y a un incesante estudio de las antiguas. Acciones que, luego de examinar y meditar durante mucho tiempo y con gran seriedad, he encerrado en un corto volumen, que os dirijo.

Y aunque juzgo esta obra indigna de Vuestra Magnificencia, no por eso confío menos en que sabréis aceptarla, considerando que no puedo haceros mejor regalo que poneros en condición de poder entender, en brevísimo tiempo, todo cuanto he aprendido en muchos años y a costa de tantos sinsabores y peligros. No he adornado ni hinchado esta obra con cláusulas interminables, ni con palabras ampulosas y magníficas, ni con cualesquier atractivos o adornos extrínsecos, cual muchos suelen hacer con sus cosas, porque he querido, o que nada la honre, o que solo la variedad de la materia y la gravedad del tema la hagan grata. No quiero que se mire como presunción el que un hombre de humilde cuna se atreva a examinar y criticar el gobierno de los príncipes. Porque así como aquellos que dibujan un paisaje se colocan en el llano para apreciar mejor los montes y los lugares altos, y para apreciar mejor el llano escalan los montes, así para conocer bien la naturaleza de los pueblos hay que ser príncipe, y para conocer la de los príncipes hay que pertenecer al pueblo.

Acoja, pues, Vuestra Magnificencia este modesto obsequio con el mismo ánimo con que yo lo hago; si lo lee y medita con atención, descubrirá en él un vivísimo deseo mío: el de que Vuestra Magnificencia llegue a la grandeza que el destino y sus virtudes le auguran. Y si Vuestra Magnificencia, desde la cúspide de su altura, vuelve alguna vez la vista hacia este llano, comprenderá cuán inmerecidamente soporto una grande y constante malignidad de la suerte.

Capítulo I

De las distintas clases de principados
y de la forma en que se adquieren.

Todos los Estados, todas las dominaciones que han ejercido y ejercen soberanía sobre los hombres, han sido y son repúblicas o principados. Los principados son, o hereditarios, cuando una misma familia ha reinado en ellos largo tiempo, o nuevos. Los nuevos, o lo son del todo, como lo fue Milán bajo Francisco Sforza, o son como miembros agregados al Estado hereditario del príncipe que los adquiere, como es el reino de Nápoles para el rey de España. Los dominios así adquiridos están acostumbrados a vivir bajo un príncipe o a ser libres; y se adquieren por las armas propias o por las ajenas, por la suerte o por la virtud.

Capítulo II

De los principados hereditarios.

Dejaré a un lado el discurrir sobre las repúblicas porque ya en otra ocasión lo he hecho extensamente. Me dedicaré solo a los principados, para ir tejiendo la urdimbre de mis opiniones y establecer como pueden gobernarse y conservarse tales principados. En primer lugar, me parece que es más fácil conservar un Estado hereditario, acostumbrado a una dinastía, que uno nuevo, ya que basta con no alterar el orden establecido por los príncipes anteriores, y contemporizar después con los cambios que puedan producirse. De tal modo que, si el príncipe es de mediana inteligencia, se mantendrá siempre en su Estado, a menos que una fuerza arrolladora lo arroje de él; y aunque así sucediese, solo tendría que esperar, para reconquistarlo, a que el usurpador sufriera el primer tropiezo.

Tenemos en Italia, por ejemplo, al duque de Ferrara, que no resistió los asaltos de los venecianos en el 1484 ni los del papa julio en el 1510, por motivos distintos de la antigüedad de su soberanía en el dominio.

Porque el príncipe natural tiene menos razones y menor necesidad de ofender: de donde es lógico que sea más amado; y a menos que vicios excesivos le atraigan el odio, es razonable que le quieran con naturalidad los suyos. Y en la antigüedad y continuidad de la dinastía se borran los recuerdos y los motivos que la trajeron, pues un cambio deja siempre la piedra angular para la edificación de otro.

Capítulo III

De los principados mixtos.

Pero las dificultades existen en los principados nuevos. Y si no es nuevo del todo, sino como miembro agregado a un conjunto anterior, que puede llamarse así mixto, sus incertidumbres nacen en primer lugar de una natural dificultad que se encuentra en todos los principados nuevos. Dificultad que estriba en que los hombres cambian con gusto de señor, creyendo mejorar; y esta creencia los impulsa a tomar las armas contra él; en lo cual se engañan, pues luego la experiencia les enseña que han empeorado. Esto resulta de otra necesidad natural y común que hace que el príncipe se vea obligado a ofender a sus nuevos súbditos, con tropas o con mil vejaciones que el acto de la conquista lleva consigo. De modo que tienes por enemigos a todos los que has ofendido al ocupar el principado, y no puedes conservar como amigos a los que te han ayudado a conquistarlo, porque no puedes satisfacerlos como ellos esperaban, y puesto que les estás obligado, tampoco puedes emplear medicinas fuertes contra ellos; porque siempre, aunque se descanse en ejércitos poderosísimos, se tiene necesidad de la colaboración de los «provincianos» para entrar en una provincia. Por estas razones, Luis XII, rey de Francia, ocupó rápidamente a Milán, y rápidamente lo perdió; y bastaron la primera vez para arrebatársele las mismas fuerzas de Ludovico; porque los pueblos que le habían abierto las puertas, al verse defraudados en las esperanzas que sobre el bien futuro habían abrigado no podían soportar con resignación las imposiciones del nuevo príncipe.

Bien es cierto que los territorios rebelados se pierden con más dificultad cuando se conquistan por segunda vez, porque el señor, aprovechándose de la rebelión, vacila menos en asegurar su poder castigando a los delincuentes, vigilando a los sospechosos y reforzando las partes más débiles. De modo que, si para hacer perder Milán a Francia bastó la primera vez con duque Ludovico que hiciese un poco de ruido en las fronteras, para hacérselo perder la segunda se necesitó que todo el mundo se concertase en su contra, y que sus ejércitos fuesen aniquilados y arrojados de Italia, lo cual se explica por las razones antedichas.

Desde luego, Francia perdió a Milán tanto la primera como la segunda vez. Las razones generales de la primera ya han sido discurridas; quedan ahora las de la segunda, y queda el ver los medios de que disponía o de que hubiese podido disponer alguien que se encontrara en el lugar de Luis XII para conservar la conquista mejor que él.

Estos Estados, que al adquirirse se agregan a uno más antiguo, o son de la misma provincia y de la misma lengua, o no lo son. Cuando lo son, es muy fácil conservarlos, sobre todo cuando no están acostumbrados a vivir libres; y para afianzarse en el poder, basta con haber borrado la línea del príncipe que los gobernaba, porque, por lo demás, y siempre que se respeten sus costumbres y las ventajas de que gozaban, los hombres permanecen sosegados, como se ha visto en el caso de Borgoña, Bretaña, Gascuña y Normandía, que están unidas a Francia desde hace tanto tiempo; y aun cuando hay alguna diferencia de idioma, sus costumbres son parecidas y pueden convivir en buena armonía. Y quien los adquiera, si desea conservarlos, debe tener dos cuidados: primero que la descendencia del anterior príncipe desaparezca; después, que ni sus leyes ni sus tributos sean alterados. Y se verá que en brevísimo tiempo el principado adquirido pasa a constituir un solo y mismo cuerpo con el principado conquistador.

Pero cuando se adquieren Estados en una provincia con idioma, costumbres y organización diferentes, surgen entonces las dificultades y se hace precisa mucha suerte y mucha habilidad para conservarlos; y uno de los mejores y más eficaces remedios sería que la persona que los adquiriera fuese a vivir en ellos. Esto haría más segura y más duradera la posesión. Como ha hecho el Turco con Grecia; ya que, a despecho de todas las disposiciones tomadas para conservar aquel Estado, no habría conseguido retenerlo si no hubiese ido a establecerse allí. Porque, de esta manera, ven nacer los desórdenes y se los puede reprimir con prontitud; pero, residiendo en otra parte, se entera uno cuando ya son grandes y no tienen remedio. Además, los representantes del príncipe no pueden saquear la provincia, y los súbditos están más satisfechos porque pueden recurrir a él fácilmente y tienen más oportunidades para amarlo, si quieren ser buenos, y para temerlo, si quieren proceder de otra manera. Los extranjeros que desearan apoderarse del Estado tendrían más respeto; de modo que, habitando en él, solo con muchísima dificultad podrá perderlo.

Otro buen remedio es mandar colonias a uno o dos lugares que sean como llaves de aquel Estado; porque es preciso hacer esto o mantener numerosa tropas. En las colonias no se gasta mucho, y con esos pocos gastos se las gobierna y conserva, y solo se perjudica a aquellos a quienes se arrebatan los campos y las casas para darlos a los nuevos habitantes, que forman una mínima parte de aquel Estado. Y como los damnificados son pobres y andan dispersos, jamás pueden significar peligro; y en cuanto a los demás, como por una parte no tienen motivos para considerarse perjudicados, y por la otra temen incurrir en falta y exponerse a que les suceda lo que a los despojados, se quedan tranquilos. Concluyo que las colonias no cuestan, que son más fieles y entrañan menos peligro; y que los damnificados no pueden causar molestias, porque son pobres y están aislados, como ya he dicho.

Ha de notarse, pues, que a los hombres hay que conquistarlos o eliminarlos, porque si se vengan de las ofensas leves, de las graves no pueden; así que la ofensa que se haga al hombre debe ser tal, que le resulte imposible vengarse.

Si en vez de las colonias se emplea la ocupación militar, el gasto es mucho mayor, porque el mantenimiento de la guardia absorbe las rentas del Estado y la adquisición se convierte en pérdida, y, además, se perjudica e incomoda a todos con el frecuente cambio del alojamiento de las tropas. Incomodidad y perjuicio que todos sufren, y por los cuales todos se vuelven enemigos; y son enemigos que deben temerse, aun cuando permanezcan encerrados en sus casas. La ocupación militar es, pues, desde cualquier punto de vista, tan inútil como útiles son las colonias.

El príncipe que anexe una provincia de costumbres, lengua y organización distintas a las de la suya, debe también convertirse en paladín y defensor de los vecinos menos poderosos, ingeniarse para debilitar a los de mayor poderío y cuidarse de que, bajo ningún pretexto, entre en su Estado un extranjero tan poderoso como él. Porque siempre sucede que el recién llegado se pone de parte de aquellos que, por ambición o por miedo, están descontentos de su gobierno; como ya se vio cuando los etolios llamaron a los romanos a Grecia: los invasores entraron en las demás provincias llamados por sus propios habitantes. Lo que ocurre comúnmente es que, no bien un extranjero poderoso entra en una provincia, se le adhieren todos los que sienten envidia del que es más fuerte entre ellos; de modo que el extranjero no necesita gran fatiga para ganarlos a su causa, ya que enseguida y de buena gana forman un bloque con el Estado invasor. Solo tiene que preocuparse de que después sus aliados no adquieran demasiada fuerza y autoridad, cosa que puede hacer fácilmente con sus tropas, que abatirán a los poderosos y lo dejarán árbitro único de la provincia. El que, en lo que a esta parte se refiere, no gobierne bien perderá muy pronto lo que hubiere conquistado, y aun cuando lo conserve, tropezará con infinitas dificultades y obstáculos.

Los romanos, en las provincias de las cuales se hicieron dueños, observaron perfectamente estas reglas. Establecieron colonias, respetaron a los menos poderosos sin aumentar su poder, avasallaron a los poderosos y no permitieron adquirir influencia en el país a los extranjeros poderosos. Y quiero que me baste lo sucedido en la provincia de Grecia como ejemplo. Fueron respetados acayos y etolios, fue sometido el reino de los macedonios, fue expulsado Antíoco, y nunca los méritos que hicieron cayos o etolios los llevaron a permitirles expansión alguna ni las palabras de Filipo los indujeron a tenerlo corno amigo sin someterlo, ni el poder de

Antíoco pudo hacer que consintiesen en darle ningún Estado en la provincia. Los romanos hicieron en estos casos lo que todo príncipe prudente debe hacer, lo cual no consiste simplemente en preocuparse de los desórdenes presentes, sino también de los futuros, y de evitar los primeros a cualquier precio. Porque previniéndolos a tiempo se pueden remediar con facilidad; pero si se espera que progresen, la medicina llega a deshora, pues la enfermedad se ha vuelto incurable. Sucede lo que los médicos dicen del tísico: que al principio su mal es difícil reconocer, pero fácil de curar, mientras que, con el transcurso del tiempo, al no haber sido conocido ni atajado, se vuelve fácil de conocer, pero difícil de curar. Así pasa en las cosas del Estado: los males que nacen en él, cuando se los descubre a tiempo, lo que solo es dado al hombre sagaz, se los cura pronto; pero ya no tienen remedio cuando, por no haberlos advertido, se los deja crecer hasta el punto de que todo el mundo los ve.

Pero como los romanos vieron con tiempo los inconvenientes, los remediaron siempre, y jamás les dejaron seguir su curso por evitar una guerra, porque sabían que una guerra no se evita, sino que se difiere para provecho ajeno. La declararon, pues, a Filipo y a Antíoco en Grecia, para no verse obligados a sostenerla en Italia; y aunque entonces podían evitarla tanto en una como en otra parte, no lo quisieron. Nunca fueron partidarios de ese consejo, que está en boca de todos los sabios de nuestra época: «hay que esperarlo todo del tiempo»; prefirieron confiar en su prudencia y en su valor, no ignorando que el tiempo puede traer cualquier cosa consigo, y que puede engendrar tanto el bien como el mal, y tanto el mal como el bien.

Pero volvamos a Francia y examinemos si se ha hecho algo de lo dicho. Hablaré, no de Carlos, sino de Luis, es decir, de aquel que, por haber dominado más tiempo en Italia, nos ha permitido apreciar mejor su conducta.

Y se verá cómo ha hecho lo contrario de lo que debe hacerse para conservar un estado de distinta nacionalidad.

El rey Luis fue llevado a Italia por la ambición de los venecianos, que querían, gracias a su intervención, conquistar la mitad de Lombardía. Yo no pretendo censurar la decisión por el rey, porque si tenía el propósito de empezar a introducirse en Italia, y carecía de amigos, y todas las puertas se le cerraban a causa de los desmanes del rey Carlos, no podía menos que aceptar las amistades que se le ofrecían. Y habría triunfado en su designio si no hubiera cometido error alguno en sus medidas posteriores. Conquistada, pues, la Lombardía, el rey pronto recobró para Francia la reputación que Carlos le había hecho perder. Génova cedió; los florentinos le brindaron su amistad; el marqués de Mantua, el duque de Ferrara, los Bentivoglio, la señora de Forli, los señores de Faenza de Pésaro, de Rímini, de Camerino y de Piombino, los luqueses, los pisanos y los sieneses, todos trataron de convertirse en sus amigos. Y entonces pudieron comprender los venecianos la temeridad de su ocurrencia: para apoderarse de dos ciudades de Lombardía, hicieron el rey dueño de las dos terceras partes de Italia.

Considérese ahora con qué facilidad el rey podía conservar su influencia en Italia, con tal de haber observado las reglas enunciadas y defendido a sus amigos, que, por ser numerosos y débiles, y temer unos a los venecianos y otros a la Iglesia, estaban siempre necesitados de su apoyo; y por medio de ellos contener sin dificultad a los pocos enemigos grandes que quedaban. Pero pronto obró al revés en Milán, al ayudar al papa Alejandro para que ocupase la Romaña. No advirtió de que con esta medida perdía a sus amigos y a los que se habían puesto bajo su protección, y al par que debilitaba sus propias fuerzas, engrandecía a la Iglesia, añadiendo tanto poder temporal al espiritual, que ya bastante autoridad le daba. Y cometido un primer error, hubo que seguir por el mismo camino; y para poner fin a la ambición de Alejandro e impedir que se convirtiese en señor de Toscana, se vio obligado a volver a Italia. No le bastó haber engrandecido a la Iglesia y perdido a sus amigos, sino que, para gozar tranquilo del reino de Nápoles, lo compartió con el rey de España; y donde él era antes árbitro único, puso un compañero para que los ambiciosos y descontentos de la provincia tuviesen a quien recurrir; y donde podía haber dejado a un rey tributario llamó a alguien que podía echarlo a él.

El ansia de conquista es, sin duda, un sentimiento muy natural y común, y siempre que lo hagan los que pueden, antes serán alabados que censurados; pero cuando intentan hacerlo a toda costa los que no pueden, la censura es lícita. Si Francia podía, pues, con sus fuerzas apoderarse de Nápoles, debía hacerlo; y si no podía, no debía dividirlo. Si el reparto que hizo de Lombardía con los venecianos era excusable porque le permitió entrar en Italia, lo otro, que no estaba justificado por ninguna necesidad, es reprobable. Luis cometió, pues, cinco faltas: aniquiló a los débiles, aumentó el poder de un poderoso de Italia, introdujo en ella a un extranjero más poderoso aún, no se estableció en el territorio conquistado y no fundó colonias. Y, sin embargo, estas faltas, por lo menos en vida de él, podían no haber traído consecuencias desastrosas si no hubiese cometido la sexta, la de despojar de su Estado a los venecianos. Porque, en vez de hacer fuerte a la Iglesia y de poner a España en Italia, era muy razonable y hasta necesario que los sometiese; pero cometido el error, nunca debió consentir en la ruina de los venecianos, pues poderosos como eran, habrían mantenido a los otros siempre distantes de toda acción contra Lombardía, ya porque no lo hubiesen permitido sino para ser ellos mismos los dueños, ya porque los otros no hubiesen querido arrebatársela a Francia para dársela a los venecianos, y para atacar a ambos a la vez les hubiera faltado audacia. Y si alguien dijese que el rey Luis cedió la Romaña a Alejandro y el Reino a España para evitar la guerra, contestaría con las razones arriba enunciadas: que para evitar una guerra nunca se debe dejar que sin desorden siga su curso, porque no se la evita, sino se la posterga en perjuicio propio. Y si otros alegasen que el rey había prometido al papa ejecutar la empresa en su favor para obtener la disolución de su matrimonio y el capelo de Ruán, respondería con lo que más adelante se dirá acerca de la fe de los príncipes y del modo de observarla.

El rey Luis ha perdido, pues, la Lombardía por no haber seguido ninguna de las normas que siguieron los que conquistaron provincias y quisieron conservarlas. No se trata de milagro alguno, sino de un hecho muy natural y lógico. Así se lo dije en Nantes al cardenal de Ruán llamado «el Valentino» como era llamado por el pueblo César Borgia, hijo del papa Alejandro, ocupaba la Romaña. Como me dijera el cardenal de Ruán que los italianos no entendían nada de las cosas de la guerra, yo tuve que contestarle que los franceses entendían menos de las que se refieren al Estado, porque de lo contrario no hubiesen dejado que la Iglesia adquiriese tanta influencia. Y ya se ha visto cómo, después de haber contribuido a crear la grandeza de la Iglesia y de España en Italia, Francia fue arruinada por ellas. De lo cual se infiere una regla general que rara vez o nunca falla: que el que ayuda a otro a hacerse poderoso causa su propia ruina. Porque es natural que el que se ha vuelto poderoso recele de la misma astucia o de la misma fuerza gracias a las cuales se lo ha ayudado.

Capítulo IV

Por qué el reino de Darío, ocupado por Alejandro, no se sublevó contra los sucesores de este, después de su muerte.

Consideradas las dificultades que encierra el conservar un Estado recientemente adquirido, alguien podría preguntarse con asombro a qué se debe que, hecho Alejandro Magno dueño de Asia en pocos años y muerto apenas ocupada, sus sucesores, en circunstancias en que hubiese sido muy natural que el Estado se rebelase, lo retuvieron en sus manos sin otros obstáculos que los que por ambición surgieron entre ellos. Contesto que todos los principados de que se guarda memoria han sido gobernados de dos modos distintos: o por un príncipe que elige de entre sus siervos, que lo son todos, los ministros que lo ayudarán a gobernar, o por un príncipe asistido por nobles que, no a la gracia del señor, sino a la antigüedad de su linaje, deben la posición que ocupan. Estos nobles tienen Estados y súbditos propios, que los reconocen por señores y les tienen natural afección. Mientras que, en los Estados gobernados por un príncipe asistido por siervos, el príncipe goza de mayor autoridad: porque en toda la provincia no se reconoce soberano sino a él, y si se obedece a otro, a quien además no se tiene particular amor, solo se lo hace por tratarse de un ministro y magistrado del príncipe. Los ejemplos de estas dos clases de gobierno se hallan hoy en el Turco y en el rey de Francia. Toda Turquía está gobernada por un solo señor, del cual los demás habitantes son siervos; un señor que divide su reino en sanjacados, nombra sus administradores y los cambia y reemplaza a su antojo. En cambio, el rey de Francia está rodeado por una multitud de antiguos nobles que tienen sus prerrogativas, que son reconocidos y amados por sus súbditos y que son dueños de un Estado que el rey no puede arrebatarles sin exponerse. Así, si se examina uno y otro gobierno, se verá que hay, en efecto, dificultad para conquistar el Estado del Turco, pero que, una vez conquistado, es muy fácil conservarlo. Las razones de la dificultad para apoderarse del reino del Turco residen en que no se puede esperar ser llamado por los príncipes del Estado, ni confiar en que su rebelión facilitará la empresa. Porque, siendo esclavos y deudores del príncipe, no es nada fácil sobornarlos; y aunque se lo consiguiese, de poca utilidad sería, ya que, por las razones enumeradas, los traidores no podrían arrastrar consigo al pueblo. De donde quien piense en atacar al Turco reflexione antes en que hallará el Estado unido, y confíe más en sus propias fuerzas que en las intrigas ajenas. Pero una vez vencido y derrotado en campo abierto de manera que no pueda rehacer sus ejércitos, ya no hay que temer sino a la familia del príncipe; y extinguida esta, no queda nadie que signifique peligro, pues nadie goza de crédito en el pueblo; y como antes de la victoria el vencedor no podía esperar nada de los ministros del príncipe, nada debe temer después de ella.

Lo contrario sucede en los reinos organizados como el de Francia, donde, si te traes a algunos de los nobles, que siempre existen descontentos y amigos de las mudanzas, fácil te será entrar. Estos, por las razones ya dichas, pueden abrirte el camino y facilitarte la conquista; pero si quieres mantenerla, tropezarás después con infinitas dificultades y tendrás que luchar contra los que te han ayudado y contra los que has oprimido. No bastará que extermines la raza del príncipe: quedarán los nobles, que se harán cabecillas de los nuevos movimientos, y como no podrás conformarlos ni matarlos a todos perderás el Estado en la primera oportunidad que se les presente.

Ahora, si se medita sobre la naturaleza del gobierno de Darío, se advertirá que se parecía mucho al del Turco. Por eso fue preciso que Alejandro lo derrotará completamente y le cortara la campaña. Después de la victoria, y muerto Darío, Alejandro quedó dueño tranquilo del Estado, por las razones discurridas. Y si los sucesores hubiesen permanecido unidos, habrían podido gozar en paz de la conquista, porque no hubo en el reino otros tumultos que los que ellos mismos suscitaron. Pero es imposible conservar con tanta seguridad un Estado organizado como el de Francia. Por ejemplo, los numerosos principados que había en España, Italia y Grecia explican las recuentes revueltas contra los romanos y mientras perduró el recuerdo de su existencia, los romanos nunca estuvieron seguros de su conquista; pero una vez el recuerdo borrado, se convirtieron, gracias a la duración y al poder del imperio, en sus seguros dominadores. Y así después pudieron, peleándose entre sí, sacar la parte que les fue posible en aquellas provincias, de acuerdo con la autoridad que tenían en ellas; porque, habiéndose extinguido la familia de sus antiguos señores, no se reconocían otros dueños que los romanos. Considerando, pues, estas cosas, no se asombrará nadie de la facilidad con que Alejandro conservó el Estado de Asia, y de la dificultad con que los otros conservaron lo adquirido como Pirro y muchos otros. Lo que no depende de la poca o mucha virtud del conquistador, sino de la naturaleza de lo conquistado.

Capítulo V

De qué modo hay que gobernar las ciudades o principados que, antes de ser ocupados, se regían por sus propias leyes.

Hay tres modos de conservar un Estado que, antes de ser adquirido, estaba acostumbrado a regirse por sus propias leyes y a vivir en libertad: primero, destruirlo; después, radicarse en él; por último, dejarlo regir por sus leyes, obligarlo a pagar un tributo y establecer un gobierno compuesto por un corto número de personas, para que se encargue de velar por la conquista. Como ese gobierno sabe que nada puede sin la amistad y poder del príncipe, no ha de reparar en medios para conservarle el Estado. Porque nada hay mejor para conservar —si se la quiere conservar— una ciudad acostumbrada a vivir libre que hacerla gobernar por sus mismos ciudadanos.

Ahí están los espartanos y romanos como ejemplo de ello. Los espartanos ocuparon a Atenas y Tebas, dejaron en ambas ciudades un gobierno oligárquico, y, sin embargo, las perdieron. Los romanos, para conservar a Capua, Cartago y Numancia, las arrasaron, y no las perdieron. Quisieron conservar a Grecia como lo habían hecho los espartanos, dejándole sus leyes y su libertad, y no tuvieron éxito: de modo que se vieron obligados a destruir muchas ciudades de aquella provincia para no perderla. Porque, en verdad, el único medio seguro de dominar una ciudad acostumbrada a vivir libre es destruirla. Quien se haga dueño de una ciudad así y no la aplaste, espere a ser aplastado por ella. Sus rebeliones siempre tendrán por baluarte el nombre de libertad y sus antiguos estatutos, cuyo hábito nunca podrá hacerle perder el tiempo ni los beneficios. Por mucho que se haga y se prevea, si los habitantes no se separan ni se dispersan, nadie se olvida de aquel nombre ni de aquellos estatutos, y a ellos inmediatamente recurren en cualquier contingencias, como hizo Pisa luego de estar un siglo bajo el yugo florentino. Pero cuando las ciudades o provincias están acostumbradas a vivir bajo un príncipe, y por la extinción de este y su linaje queda vacante el gobierno, como por un lado los habitantes están habituados a obedecer y por otro no tienen a quién, y no se ponen de acuerdo para elegir a uno de entre ellos, ni saben vivir en libertad, y por último tampoco se deciden a tomar las armas contra el invasor, un príncipe puede fácilmente conquistarlas y retenerlas. En las repúblicas, en cambio, hay más vida, más odio, más ansias de venganza. El recuerdo de su antigua libertad no les concede, no puede concederles un solo momento de reposo. Hasta tal punto que el mejor camino es destruirlas o radicarse en ellas.

Capítulo VI

De los principados nuevos que se adquieren con las armas propias y el talento personal.

Nadie se asombre de que, al hablar de los principados de nueva creación y de aquellos en los que solo es nuevo el príncipe, traiga yo a colación ejemplos ilustres. Los hombres siguen casi siempre el camino abierto por otros y se empeñan en imitar las acciones de los demás. Y aunque no es posible seguir exactamente el mismo camino ni alcanzar la perfección del modelo, todo hombre prudente debe entrar en el camino seguido por los grandes e imitar a los que han sido excelsos, para que, si no los iguala en virtud, por lo menos se les acerque; y hacer como los arqueros experimentados, que, cuando tienen que dar en blanco muy lejano, y dado que conocen el alcance de su arma, apuntan por sobre él, no para llegar a tanta altura, sino para acertar donde se lo proponían con la ayuda de mira tan elevada.

Los principados de nueva creación, donde hay un príncipe nuevo, son más o menos difíciles de conservar según que sea más o menos hábil el príncipe que los adquiere. Y dado que el hecho de que un hombre se convierta de la nada en príncipe presupone necesariamente talento o suerte, es de creer que una u otra de estas dos cosas allana, en parte, muchas dificultades. Sin embargo, el que menos ha confiado en el azar es siempre el que más tiempo se ha conservado en su conquista. También facilita enormemente las cosas el que un príncipe, al no poseer otros Estados, se vea obligado a establecerse en el que ha adquirido. Pero quiero referirme a aquellos que no se convirtieron en príncipes por el azar, sino por sus virtudes. Y digo entonces que, entre ellos, loa más ilustres han sido Moisés, Ciro, Rómulo, Teseo y otros no menos grandes. Y aunque Moisés solo fue un simple agente de la voluntad de Dios, merece, sin embargo, nuestra admiración, siquiera sea por la gracia que lo hacía digno de hablar con Dios. Pero también son admirables Ciro y todos los demás que han adquirido o fundado reinos; y si juzgamos sus hechos y su gobierno, hallaremos que no deslucen ante los de Moisés, que tuvo tan gran preceptor. Y si nos detenemos a estudiar su vida y sus obras, descubriremos que no deben a la fortuna sino el haberles proporcionado la ocasión propicia, que fue el material al que ellos dieron la forma conveniente. Verdad es que, sin esa ocasión, sus méritos de nada hubieran valido; pero también es cierto que, sin sus méritos, era inútil que la ocasión se presentara. Fue, pues,. necesario que Moisés hallara al pueblo de Israel esclavo y oprimido por los egipcios para que ese pueblo, ansioso de salir de su sojuzgamiento, se dispusiera a seguirlo. Se hizo menester que Rómulo no pudiese vivir en Alba y estuviera expuesto desde su nacimiento, para que llegase a ser rey de Roma y fundador de su patria. Ciro tuvo que ver a los persas descontentos de la dominación de los medas, y a los medas flojos e indolentes como consecuencia de una larga paz. No habría podido Teseo poner de manifiesto sus virtudes si no hubiese sido testigo de la dispersión de los atenienses. Por lo tanto, estas ocasiones permitieron que estos hombres realizaran felizmente sus designios, y, por otro lado, sus méritos permitieron que las ocasiones rindieran provecho, con lo cual llenaron de gloria y de dicha a sus patrias.

Los que, por caminos semejantes a los de aquellos, se convierten en príncipes adquieren el principado con dificultades, pero lo conservan sin sobresaltos. Las dificultades nacen en parte de las nuevas leyes y costumbres que se ven obligados a implantar para fundar el Estado y proveer a su seguridad. Pues debe considerarse que no hay nada más difícil de emprender, ni más dudoso de hacer triunfar, ni más peligroso de manejar, que el introducir nuevas leyes. Se explica: el innovador se transforma en enemigo de todos los que se beneficiaban con las leyes antiguas, y no se granjea sino la amistad tibia de los que se beneficiarán con las nuevas. Tibieza en estos, cuyo origen es, por un lado, el temor a los que tienen de su parte a la legislación antigua, y por otro, la incredulidad de los hombres, que nunca fían en las cosas nuevas hasta que ven sus frutos. De donde resulta que, cada vez que los que son enemigos tienen oportunidad para atacar, lo hacen enérgicamente, y aquellos otros asumen la defensa con tibieza, de modo que se expone uno a caer con ellos. Por consiguiente, si se quiere analizar bien esta parte, es preciso ver si esos innovadores lo son por sí mismos, o si dependen de otros; es decir, si necesitan recurrir a la súplica para realizar su obra, o si pueden imponerla por la fuerza. En el primer caso, fracasan siempre, y nada queda de sus intenciones, pero cuando solo dependen de sí mismos y pueden actuar con la ayuda de la fuerza, entonces rara vez dejan de conseguir sus propósitos. De donde se explica que todos los profetas armados hayan triunfado, y fracasado todos los que no tenían armas. Hay que agregar, además, que los pueblos son tornadizos; y que, si es fácil convencerlos de algo, es difícil mantenerlos fieles a esa convicción, por lo cual conviene estar preparados de tal manera, que, cuando ya no crean, se les pueda hacer creer por la fuerza. Moisés, Ciro, Teseo y Rómulo no habrían podido hacer respetar sus estatutos durante mucho tiempo si hubiesen estado desarmados. Como sucedió en nuestros a Fray Jerónimo Savonarola, que fracasó en sus innovaciones en cuanto la gente empezó a no creer en ellas, pues se encontró con que carecía de medios tanto para mantener fieles en su creencia a los que habían creído como para hacer creer a los incrédulos. Hay que reconocer que estos revolucionarios tropiezan con serias dificultades, que todos los peligros surgen en su camino y que solo con gran valor pueden superarlos; pero vencidos los obstáculos, y una vez que han hecho desaparecer a los que tenían envidia de sus virtudes, viven poderosos, seguros, honrados y felices.

A tan excelsos ejemplos hay que agregar otro de menor jerarquía, pero que guarda cierta proporción con aquellos y que servirá para todos los de igual clase. Es el de Hierón de Siracusa, que de simple ciudadano llegó a ser príncipe sin tener otra deuda con el azar que la ocasión; pues los siracusanos, oprimidos, lo nombraron su capitán, y fue entonces cuando hizo méritos suficientes para que lo eligieran príncipe. Y a pesar de no ser noble, dio pruebas de tantas virtudes, que quien ha escrito de él ha dicho: «quod nihil illi deerat ad regnandum praeter regnum». Licenció el antiguo ejército y creó uno nuevo; dejó las amistades viejas y se hizo de otras; y así, rodeado por soldados y amigos adictos, pudo construir sobre tales cimientos cuanto edificio quiso; y lo que tanto le había costado adquirir, poco le costó conservar.

Capítulo VII

De los principados nuevos que se adquieren con armas y fortuna de otros.

Los que solo por la suerte se convierten en príncipes poco esfuerzo necesitan para llegar a serlo, pero no se mantienen sino con muchísimo. Las dificultades no surgen en su camino, porque tales hombres vuelan, pero se presentan una vez instalados. Me refiero a los que compran un Estado o a los que lo obtienen como regalo, tal cual sucedió a muchos en Grecia, en las ciudades de Jonia y del Helesponto, donde fueron hechos príncipes por Darío a fin de que le conservasen dichas ciudades para su seguridad y gloria; y como sucedió a muchos emperadores que llegaban al trono corrompiendo los soldados. Estos príncipes no se sostienen sino por la voluntad y la fortuna —cosas ambas mudables e inseguras— de quienes los elevaron; y no saben ni pueden conservar aquella dignidad. No saben porque, si no son hombres de talento y virtudes superiores, no es presumible que conozcan el arte del mando, ya que han vivido siempre como simples ciudadanos; no pueden porque carecen de fuerzas que puedan serles adictas y fieles. Por otra parte, los Estados que nacen de pronto, como todas las cosas de la naturaleza que brotan y crecen precozmente, no pueden tener raíces ni sostenes que los defiendan del tiempo adverso; salvo que quienes se han convertido en forma tan súbita en príncipes se pongan a la altura de lo que la fortuna ha depositado en sus manos, y sepan prepararse inmediatamente para conservarlo, y echen los cimientos que cualquier otro echa antes de llegar al principado.

Acerca de estos dos modos de llegar a ser príncipe —por méritos o por suerte—, quiero citar dos ejemplos que perduran en nuestra memoria: el de Francisco Sforza y el de César Borgia. Francisco, con los medios que correspondían y con un gran talento, de la nada se convirtió en duque de Milán, y conservó con poca fatiga lo que con mil afanes había conquistado. En el campo opuesto, César Borgia, llamado duque Valentino por el vulgo, adquirió el Estado con la fortuna de su padre, y con la de este lo perdió, a pesar de haber empleado todos los medios imaginables y de haber hecho todo lo que un hombre prudente y hábil debe hacer para arraigar en un Estado que se ha obtenido con armas y apoyo ajenos. Porque, como ya he dicho, el que no coloca los cimientos con anticipación podría colocarlos luego si tiene talento, aun con riesgo de disgustar al arquitecto y de hacer peligrar el edificio. Si se examinan los progresos del duque, se verá que ya había echado las bases para su futura grandeza; y creo que no es superfluo hablar de ello, porque no sabría qué mejores consejos dar a un príncipe nuevo que el ejemplo de las medidas tomadas por él. Que si no le dieron el resultado apetecido, no fue culpa suya, sino producto de un extraordinario y extremado rigor de la suerte.

Para hacer poderoso al duque, su hijo, tenía Alejandro VI que luchar contra grandes dificultades presentes y futuras. En primer lugar, no veía manera de hacerlo señor de algún Estado que no fuese de la Iglesia; y sabía, por otra parte, que ni el duque de Milán ni los venecianos le consentirían que desmembrase los territorios de la Iglesia, porque ya Faenza y Rímini estaban bajo la protección de los venecianos. Y después veía que los ejércitos de Italia, y especialmente aquellos de los que hubiera podido servirse, estaban en manos de quienes debían temer el engrandecimiento del papa; y mal podía fiarse de tropas mandadas por los Orsini, los Colonna y sus aliados. Era, pues, necesario remover aquel estado de cosas y desorganizar aquellos territorios para apoderarse sin riesgos de una parte de ellos. Lo que le fue fácil, porque los venecianos, movidos por otras razones, habían invitado a los franceses a volver a Italia; lo cual no solo no impidió, sino facilitó con la disolución del primer matrimonio del rey Luis. De suerte que el rey entró en Italia con la ayuda de los venecianos y el consentimiento de Alejandro. Y no había llegado aún a Milán cuando el papa obtuvo tropas de aquel para la empresa de la Romaña, a la que nadie se opuso gracias a la autoridad del rey. Adquirida, pues, la Romaña por el duque, y derrotados los Colonna, se presentaban dos obstáculos que impedían conservarla y seguir adelante: uno, sus tropas, que no le parecían adictas; el otro, la voluntad de Francia. Temía que las tropas de los Orsini, de las cuales se había valido, le faltasen en el momento preciso, y no solo le impidiesen conquistar más, sino que le arrebatasen lo conquistado; y otro tanto temía del rey. Tuvo una prueba de lo que sospechaba de los Orsini cuando, después de la toma de Faenza, asaltó a Bolonia, en cuyas circunstancias los vio batirse con frialdad. En lo que respecta al rey, descubrió sus intenciones cuando, ya dueño del ducado de Urbino, se vio obligado a renunciar a la conquista de Toscana por su intervención. Y entonces decidió no depender más de la fortuna y las armas ajenas. Lo primero que hizo fue debilitar a los Orsini y a los Colonna en Roma, ganándose a su causa a cuantos nobles les eran adictos, a los cuales señaló crecidos sueldos y honró de acuerdo con sus méritos con mandos y administraciones, de modo que en pocos meses el afecto que tenían por aquellos se volvió por entero hacia el duque. Después de lo cual, y dispersado que, hubo a los Colonna, esperó la ocasión de terminar con los Orsini. Oportunidad que se presentó bien y que él aprovechó mejor. Los Orsini, que muy tarde habían comprendido que la grandeza del duque y de la Iglesia generaba su ruina, celebraron una reunión en Magione, en el territorio de Perusa, de la que nacieron la rebelión de Urbino, los tumultos de Romaña y los infinitos peligros por los cuales atravesó el duque; pero este supo conjurar todo con la ayuda de los franceses. Y restaurada su autoridad, el duque, que no podía fiarse do los franceses ni de los demás fuerzas extranjeras, y que no se atrevía a desafiarlas, recurrió a la astucia; y supo disimular tan bien sus propósitos, que los Orsini, por intermedio del señor Paulo —a quien el duque colmó de favores para conquistarlo, sin escatimarle dinero, trajes ni caballos—, se reconciliaron inmediatamente, hasta tal punto, que su candidez los llevó a caer en sus manos en Sinigaglia. Exterminados, pues, estos jefes y convertidos los partidarios de ellos en amigos suyos, el duque tenia construidos sólidos cimientos para su poder futuro, máxime cuando poseía toda la Romaña y el ducado de Urbino y cuando se había ganado la buena voluntad de esos pueblos, a los cuales empezaba a gustar el bienestar de su gobierno.

Y porque esta parte es digna de mención y de ser imitada por otros, conviene no pasarla por alto. Cuando el duque se encontró con que la Romaña conquistada estaba bajo el mando de señores ineptos que antes despojaban a sus súbditos que los gobernaban, y que más les daban motivos de desunión que de unión, por lo cual se sucedían continuamente los robos, las riñas y toda clase de desórdenes, juzgó necesario, si se quería pacificarla y volverla dócil a la voluntad del príncipe, dotarla de un gobierno severo. Eligió para esta misión a Ramiro de Orco, hombre cruel y expeditivo, a quien dio plenos poderes. En poco tiempo impuso este su autoridad, restableciendo la paz y la unión. Juzgó entonces el duque innecesaria tan excesiva autoridad, que podía hacerse odiosa, y creó en el centro de la provincia, bajo la presidencia de un hombre virtuosísimo, un tribunal civil en el cual cada ciudadano tenía su abogado. Y como sabía que los rigores pasados habían engendrado algún odio contra su persona, quiso demostrar, para aplacar la animosidad de sus súbditos y atraérselos, que, si algún acto de crueldad se había cometido, no es debía a él, sino a la salvaje naturaleza del ministro. Y llegada la ocasión, una mañana lo hizo exponer en la plaza de Cesena, dividido en dos pedazos clavados en un palo y con un cuchillo cubierto de sangre al lado. La ferocidad de semejante espectáculo dejó al pueblo a la vez satisfecho y estupefacto. Pero volvamos al punto de partida. Encontrábase el duque bastante poderoso y a cubierto en parte de todo peligro presente, luego de haberse armado en la necesaria medida y de haber aniquilado los ejércitos que encerraban peligro inmediato, pero le faltaba, si quería continuar sus conquistas, obtener el respeto del rey de Francia, pues sabía que el rey, aunque advertido tarde de su error, trataría de subsanarlo. Empezó por ello a buscarse amistades nuevas, y a mostrarse indeciso con los franceses cuando estos se dirigieron al reino de Nápoles para luchar contra los españoles que sitiaban a Gaeta. Y si Alejandro hubiese vivido aún, su propósito de verse libre de ellos no habría tardado en cumplirse. Este fue su comportamiento en lo que se refiere a los hechos presentes. En cuanto a los futuros, tenía sobre todo que evitar que el nuevo sucesor en el Papado fuese enemigo suyo y le quitase lo que Alejandro le había dado. Y pensó hacerlo por cuatro medios distintos: primero, exterminando a todos los descendientes de los señores a quienes había despojado, para que el papa no tuviera oportunidad de restablecerlos. Segundo, atrayéndose a todos los nobles de Roma, para oponerse, con su ayuda, a los designios del papa. Tercero, reduciendo el Colegio a su voluntad, hasta donde pudiese. Cuarto, adquiriendo tanto poder, antes que el papa muriese, que pudiera por sí mismo resistir un primer ataque. De estas cuatro cosas, ya había realizado tres a la muerte de Alejandro, la cuarta estaba concluida. Porque señores despojados mató a cuantos pudo alcanzar, y muy pocos se salvaron; y contaba con nobles romanos ganados a su causa; y en el Colegio gozaba de gran influencia. Y por lo que toca a las nuevas conquistas, tramaba apoderarse de Toscana, de la cual ya poseía a Perusa y Piombino, aparte de Pisa, que se había puesto bajo su protección. Y en cuanto no tuviese que guardar mis miramientos con los franceses (que de hecho no tenía por qué guardárselos, puesto que ya los franceses habían sido despojados del Reino por los españoles, y que unos y otros necesitaban comprar su amistad), se echaría sobre Pisa. Después de lo cual Luca y Siena no tardarían en ceder, primero por odio contra los florentinos, y después por miedo al duque; y los florentinos nada podrían hacer. Si hubiese logrado esto (aunque fuera el mismo año de la muerte de Alejandro), habría adquirido tanto poder y tanta autoridad, que se hubiera sostenido por sí solo, y no habría dependido más de la fortuna ni de las fuerzas ajenas, sino de su poder y de sus méritos.

Pero Alejandro murió cinco años después de que el hijo empezara a desenvainar la espada. Lo dejaban con tan solo un Estado afianzado: el de Romaña, y con todos los demás en el aire, entre dos poderosos ejércitos enemigos, y enfermo de muerte. Pero había en el duque tanto vigor de alma y de cuerpo, tan bien sabía cómo se gana y se pierde a los hombres, y los cimientos que echara en tan poco tiempo eran tan sólidos, que, a no haber tenido dos ejércitos que lo rodeaban, o simplemente a haber estado sano, se hubiese sostenido contra todas las dificultades. Y si los cimientos de su poder eran seguros o no, se vio en seguida, pues la Romaña lo esperó más de un mes: y, aunque estaba medio muerto, nada se intentó contra él, a pesar de que los Baglioni, los Vitelli y los Orsini habían ido allí con ese propósito; y si no hizo papa a quien quería, obtuvo por lo menos que no lo fuera quien él no quería que lo fuese. Pero todo le hubiese sido fácil a no haber estado enfermo a la muerte de Alejandro. El mismo me dijo, el día en que elegido Julio II, que había previsto todo lo que podía suceder a la muerte de su padre, y para todo preparado remedio; pero que nunca había pensado que en semejante circunstancia él mismo podía hallarse moribundo.

No puedo, pues, censurar ninguno de los actos del duque; por el contrario, me parece que deben imitarlos todos aquellos que llegan al trono mediante la fortuna y las armas ajenas. Porque no es posible conducirse de otro modo cuando se tienen tanto valor y tanta ambición. Y si sus propósitos no se realizaron, tan solo fue por su enfermedad y por la brevedad de la vida de Alejandro. El príncipe nuevo que crea necesario defenderse de enemigos, conquistar amigos, vencer por la fuerza o por el fraude, hacerse amar o temer de los habitantes, respetar y obedecer por los soldados, matar a los que puedan perjudicarlo, reemplazar con nuevas las leyes antiguas, ser severo y amable, magnánimo y liberal, disolver las milicias infieles, crear nuevas, conservar la amistad de reyes y príncipes de modo que lo favorezcan de buen grado o lo ataquen con recelos; el que juzgue indispensable hacer todo esto, digo, no puede hallar ejemplos más recientes que los actos del duque. Solo se lo puede criticar en lo que respecta a la elección del nuevo pontífice, porque, si bien no podía hacer nombrar a un papa adicto, podía impedir que lo fuese este o aquel de los cardenales, y nunca debió consentir en que fuera elevado al Pontificado alguno de los cardenales a quienes había ofendido o de aquellos que, una vez papas, tuviesen que temerle. Pues los hombres ofenden por miedo o por odio. Aquellos a quienes había ofendido eran, entre otros, el cardenal de San Pedro, Advíncula, Colonna, San Jorge y Ascanio; todos los demás, si llegados al solio, debían temerle, salvo el cardenal de Amboise dado su poder, que nacía del de Francia, y los españoles ligados a él por alianza y obligaciones recíprocas. Por consiguiente, el duque debía tratar ante todo de ungir papa a un español, y, a no serle posible, aceptar al cardenal de Arnboise antes que el de San Pedro Advíncula. Pues se engaña quien cree que entre personas eminentes los beneficios nuevos hacen olvidar las ofensas antiguas. Se equivocó el duque en esta elección, causa última de su definitiva ruina.

Capítulo VIII

De los que llegaron al principado mediante crímenes.

Pero puesto que hay otros dos modos de llegar a príncipe que no se pueden atribuir enteramente a la fortuna o a la virtud, corresponde no pasarlos por alto, aunque sobre ellos se discurra con más detenimiento donde se trata de las repúblicas. Me refiero, primero, al caso en que se asciende al principado por un camino de perversidades y delitos; y después, al caso en que se llega a ser príncipe por el favor de los conciudadanos. Con dos ejemplos, uno antiguo y otro contemporáneo, ilustraron el primero de estos modos, sin entrar a profundizar demasiado en la cuestión, porque creo que bastan para los que se hallan en la necesidad de imitarlos.

El siciliano Agátocles, hombre no solo de condición oscura, sino baja y abyecta, se convirtió en rey de Siracusa. Hijo de un alfarero, llevó una conducta reprochable en todos los períodos de su vida; sin embargo, acompañó siempre sus maldades con tanto ánimo y tanto vigor físico que entrado en la milicia llegó a ser, ascendiendo grado por grado, pretor de Siracusa. Una vez elevado a esta dignidad, quiso ser príncipe y obtener por la violencia, sin debérselo a nadie, lo que de buen grado le hubiera sido concedido. Se puso de acuerdo con el cartaginés Amílcar, que se hallaba con sus ejércitos en Sicilia, y una mañana reunió al pueblo y al Senado, como si tuviese que deliberar sobre cosas relacionadas con la república, y a una señal convenida sus soldados mataron a todos los senadores y a los ciudadanos mis ricos de Siracusa. Ocupó entonces y supo conservar como príncipe aquella ciudad, sin que se encendiera ninguna guerra civil por su causa. Y aunque los cartagineses lo sitiaron dos veces y lo derrotaron por último, no solo pudo defender la ciudad, sino que, dejando parte de sus tropas para que contuvieran a los sitiadores, con el resto invadió el áfrica; y en poco tiempo levantó el sitio de Siracusa y puso a los cartagineses en tales aprietos, que se vieron obligados a pactar con él, a conformarse con sus posesiones del áfrica y a dejarle la Sicilia. Quien estudie, pues, las acciones de Agátocles y juzgue sus méritos muy poco o nada encontrará que pueda atribuir a la suerte; no adquirió la soberanía por el favor de nadie, como he dicho más arriba, sino merced a sus grados militares, que se había ganado a costa de mil sacrificios y peligros; y se mantuvo en mérito a sus enérgicas y temerarias medidas. Verdad que no se puede llamar virtud el matar a los conciudadanos, el traicionar a los amigos y el carecer de fe, de piedad y de religión, con cuyos medios se puede adquirir poder, pero no gloria. Pero si se examinan el valor de Agátocles al arrastrar y salir triunfante de los peligros y su grandeza de alma para soportar y vencer los acontecimientos adversos, no se explica uno por qué tiene que ser considerado inferior a los capitanes más famosos. Sin embargo, su falta de humanidad, sus crueldades y maldades sin número, no consienten que se lo coloque entre los hombres ilustres.

No se puede, pues, atribuir a la fortuna o a la virtud lo que consiguió sin la ayuda de una ni de la otra.

En nuestros tiempos, bajo el papa Alejandro VI, Oliverotto da Fermo, huérfano desde corta edad, fue educado por uno de sus tíos maternos, llamado Juan Fogliani, y confiado después, en su primera juventud, a Pablo Vitelli, a fin de que llegase, gracias a sus enseñanzas, a ocupar un grado elevado en las armas. Muerto Pablo, pasó a militar bajo Vitellozzo, su hermano., y en poco tiempo, como era inteligente y de espíritu y cuerpo gallardos, se convirtió en el primer hombre de su ejército. Pero como le pareció indigno servir a los demás, pensó apoderarse de Fermo con el consentimiento de Vitellozzo y la ayuda de algunos habitantes de la ciudad a quienes era más cara la esclavitud que la libertad de su patria. Escribió a Juan Fogliani diciéndole que, luego de tantos años de ausencia, deseaba ver de nuevo a su patria y a él, y, en parte, también conocer el estado de su patrimonio; y que, como no se había fatigado sino por conquistar gloria, quería, para demostrar a sus compatriotas que no había perdido el tiempo, entrar con todos los honores y acompañado por cien caballeros, amigos y servidores suyos. Rogábale, pues, que tratase de que los ciudadanos de Fermo lo acogiesen de un modo honroso, que con ello no solo lo honraba a él, sino que se honraba a sí mismo, ya que había sido su maestro. No olvidó Juan ninguno de los honores debidos a su sobrino, y lo hizo recibir dignamente por los ciudadanos de Fermo, en cuyas casas se alojó con su comitiva. Transcurridos algunos días, y preparado todo cuanto era necesario para su premeditado crimen, Oliverotto dio un banquete solemne al que invitó a Juan Fogliani y a los principales hombres de Fermo. Después de consumir los manjares y de concluir con los entretenimientos que son de use en tales ocasiones, Oliverotto, deliberadamente, hizo recaer la conversación, dando ciertos peligrosos argumentos, sobre la grandeza y los actos del papa Alejandro y de César, su hijo; y come a esos argumentos contestaron Juan y los otros, se levantó de pronto diciendo que convenía hablar de semejantes temas en lugar más seguro, y se retiró a una habitación a la cual lo siguieron Juan y los demás ciudadanos. Y aún estos no habían tomado asiento cuando de algunos escondrijos salieron soldados que dieron muerte a Juan y a todos los demás. Consumado el crimen, montó Oliverotto a caballo, atravesó la ciudad y sitió en su palacio al magistrado supremo. Los ciudadanos no tuvieron entonces más remedio que someterse y constituir un gobierno del cual Oliverotto se hizo nombrar jefe. Muertos todos los que hubieran podido significar un peligro para él, se preocupó por reforzar su poder con nuevas leyes civiles y militares, de manera que, durante el año que gobernó, no solo estuvo seguro en Fermo, sino que se hizo temer por todos los vecinos. Y habría sido tan difícil de derrocar como Agátocles si no se hubiese dejado engañar por César Borgia y prender, junto con los Orsini y los Vitelli, en Sinigaglia, donde, un año después de su parricidio, fue estrangulado en compañía de Vitellozzo, su maestro en hazañas y crímenes.

Podría alguien preguntarse a qué se debe que, mientras Agátocles y otros de su calaña, a pesar de sus traiciones y rigores sin número, pudieron vivir durante mucho tiempo y a cubierto de su patria, sin temer conspiraciones, y pudieron a la vez defenderse de los enemigos de afuera, otros, en cambio, no solo mediante medidas tan extremas no lograron conservar su Estado en épocas dudosas de guerra, sino tampoco en tiempos de paz. Creo que depende del bueno o mal uso que se hace de la crueldad. Llamaría bien empleadas a las crueldades (si a lo malo se lo puede llamar bueno) cuando se aplican de una sola vez por absoluta necesidad de asegurarse, y cuando no se insiste en ellas, sino, por el contrario, se trata de que las primeras se vuelvan todo lo beneficiosas posible para los súbditos. Mal empleadas son las que, aunque poco graves al principio, con el tiempo antes crecen que se extinguen. Los que observan el primero de estos procedimientos pueden, como Agátocles, con la ayuda de Dios y de los hombres, poner, algún remedio a su situación, los otros es imposible que se conserven en sus Estados. De donde se concluye que, al apoderarse de un Estado, todo usurpador debe reflexionar sobre los crímenes que le es preciso cometer, y ejecutarlos todos a la vez, para que no tenga que renovarlos día a día y, al no verse en esa necesidad, pueda conquistar a los hombres a fuerza de beneficios. Quien procede de otra manera, por timidez o por haber sido mal aconsejado, se ve siempre obligado a estar con el cuchillo en la mano, y mal puede contar con súbditos a quienes sus ofensas continuas y todavía recientes llenan de desconfianza. Porque las ofensas deben inferirse de una sola vez para que, durando menos, hieran menos; mientras que los beneficios deben proporcionarse poco a poco, a fin de que se saboreen mejor. Y, sobre todas las cosas, un príncipe vivirá con sus súbditos de manera tal, que ningún acontecimiento, favorable o adverso, lo haga variar; pues la necesidad que se presenta en los tiempos difíciles y que no se ha previsto, tú no puedes remediarla; y el bien que tú hagas ahora de nada sirve ni nadie te lo agradece, porque se considera hecho a la fuerza.

Capítulo IX

Del principado civil.

Trataremos ahora del segundo caso: aquel en que un ciudadano no por crímenes ni violencia; sino gracias al favor de sus compatriotas, se convierte en príncipe. El Estado así constituido puede llamarse principado civil. El llegar a él no depende por completo de los méritos o de la suerte; depende, más bien, de una cierta habilidad propiciada por la fortuna, y que necesita, o bien del apoyo del pueblo, o bien del de los nobles. Porque en toda ciudad se encuentran estas dos fuerzas contrarias, una de las cuales lucha por mandar y oprimir a la otra, que no quiere ser mandada ni oprimida. Y del choque de las dos corrientes surge uno de estos tres efectos: o principado, o libertad, o licencia.

El principado pueden implantarlo tanto el pueblo como los nobles, según que la ocasión se presente a uno o a otros. Los nobles, cuando comprueban que no pueden resistir al pueblo, concentran toda la autoridad en uno de ellos y lo hacen príncipe, para poder, a su sombra, dar rienda suelta a sus apetitos. El pueblo, cuando a su vez comprueba que no puede hacer frente a los grandes, cede su autoridad a uno y lo hace príncipe para que lo defienda. Pero el que llega al principado con la ayuda de los nobles se mantiene con más dificultad que el que ha llegado mediante el apoyo del pueblo, porque los que lo rodean se consideran sus iguales, y en tal caso se le hace difícil mandarlos y manejarlos como quisiera. Mientras que el que llega por el favor popular es única autoridad, y no tiene en derredor a nadie o casi nadie que no esté dispuesto a obedecer. Por otra parte, no puede honradamente satisfacer a los grandes sin lesionar a los demás; pero, en cambio, puede satisfacer al pueblo, porque la finalidad del pueblo es más honesta que la de los grandes, queriendo estos oprimir, y aquel no ser oprimido.

Agréguese a esto que un príncipe jamás podrá dominar a un pueblo cuando lo tenga por enemigo, porque son muchos los que lo forman; a los nobles, como se trata de pocos, le será fácil. Lo peor que un príncipe puede esperar de un pueblo que no lo ame es el ser abandonado por él; de los nobles, si los tiene por enemigos, no solo debe temer que lo abandonen, sino que se rebelen contra él; pues, más astutos y clarividentes, siempre están a tiempo para ponerse en salvo, a la vez que no dejan nunca de congratularse con el que esperan resultará vencedor. Por último, es una necesidad para el príncipe vivir siempre con el mismo pueblo, pero no con los mismos nobles, supuesto que puede crear nuevos o deshacerse de los que tenía, y quitarles o concederles autoridad a capricho.

Para aclarar mejor esta parte en lo que se refiere a los grandes, digo que se deben considerar en dos aspectos principales: o proceden de tal manera que se unen por completo a su suerte, o no. A aquellos que se unen y no son rapaces, se les debe honrar y amar; a aquellos que no se unen, se les tiene que considerar de dos maneras: si hacen esto por pusilanimidad y defecto natural del ánimo, entonces tú debes servirte en especial de aquellos que son de buen criterio, porque en la prosperidad te honrarán y en la adversidad no son de temer, pero cuando no se unen sino por cálculo y por ambición, es señal de que piensan más en sí mismos que en ti, y de ellos se debe cuidar el príncipe y temerles como si se tratase de enemigos declarados, porque esperarán la adversidad para contribuir a su ruina.

El que llegue a príncipe mediante el favor del pueblo debe esforzarse en conservar su afecto, cosa fácil, pues el pueblo solo pide no ser oprimido. Pero el que se convierta en príncipe por el favor do los nobles y contra el pueblo procederá bien si se empeña ante todo en conquistarlo, lo que solo le será fácil si lo toma bajo su protección. Y dado que los hombres se sienten más agradecidos cuando reciben bien de quien solo esperaban mal, se somete el pueblo más a su bienhechor que si lo hubiese conducido al principado por su voluntad. El príncipe puede ganarse a su pueblo do muchas maneras, que no mencionaré porque es imposible dar reglas fijas sobre algo que varía tanto según las circunstancias. Insistiré tan solo en que un príncipe necesita contar con la amistad del pueblo, pues de lo contrario no tiene remedio en la adversidad.

Nabis, príncipe de los espartanos, resistió el ataque de toda Grecia y de un ejército romano invicto, y le bastó, surgido el peligro, asegurarse de muy pocos para defender contra aquellos su patria y su Estado, que si hubiese tenido por enemigo al pueblo, no le bastara. Y que no so pretenda desmentir mi opinión con el gastado proverbio de que quien confía en el pueblo edifica sobre arena; porque el proverbio solo es verdadero cuando se trata de un simple ciudadano que confía en cl pueblo como si el pueblo tuviese el deber de liberarlo cuando los enemigos o las autoridades lo oprimen. Quien así lo interpretara se engañaría a menudo, como los Gracos en

Roma y Jorge Scali en Florencia. Pero si es un príncipe quien confía en él, y un príncipe valiente que sabe mandar, que no se acobarda en la adversidad y mantiene con su ánimo y sus medidas el ánimo de todo su pueblo, no só1o no se verá nunca defraudado, sino que se felicitará de haber depositado en él su confianza.

Estos principados peligran, por lo general, cuando quieren pasar de principado civil a principado absoluto; pues estos príncipes gobiernan por sí mismos o por intermedio de magistrados. En el último caso, su permanencia es más insegura y peligrosa, porque depende de la voluntad de los ciudadanos que ocupan el cargo de magistrados, los cuales, y sobre todo en, épocas adversas, pueden arrebatarle muy fácilmente el poder, ya dejando de obedecerle, ya sublevando al pueblo contra ellos. Y el príncipe, rodeado de peligros, no tiene tiempo para asumir la autoridad absoluta, ya que los ciudadanos y los súbditos, acostumbrados a recibir órdenes nada más que de los magistrados, no están en semejantes trances dispuestos a obedecer las suyas. Y no encontrará nunca, en los tiempos dudosos, gentes en quien poder confiar, puesto que tales príncipes no pueden tomar como ejemplo lo que sucede en tiempos normales, cuando los ciudadanos tienen necesidad del Estado, y corren y prometen y quieren morir por él, porque la muerte está lejana; pero en los tiempos adversos, cuando el Estado tiene necesidad de los ciudadanos, hay pocos que quieran acudir en su ayuda. Y esta experiencia es tanto más peligrosa cuanto que no puede intentarse sino una vez. Por ello, un príncipe hábil debe hallar una manera por la cual sus ciudadanos siempre y en toda ocasión tengan necesidad del Estado y de él. Y así le serán siempre fieles.

Capítulo X

Como deben medirse las fuerzas de todos los principados.

Conviene, al examinar la naturaleza de estos principados, hacer una consideración más, a saber; si un príncipe posee un Estado tal que pueda, en caso necesario, sostenerse por sí mismo, o sí tiene, en tal caso, que recurrir a la ayuda de otros. Y para aclarar mejor este punto, digo que considero capaces de poder sostenerse por sí mismos a los que, o por abundancia de hombres o de dinero, pueden levantar un ejército respetable y presentar batalla a quien quiera que se atreva a atacarlos; y considero que tienen siempre necesidad de otros a los que no pueden presentar batalla al enemigo en campo abierto, sino que se ven obligados a refugiarse dentro de sus muros para defenderlos. Del primer caso ya se ha hablado, y se agregará más adelante lo que sea oportuno. Del segundo caso no se puede decir nada, salvo aconsejar a los príncipes que fortifiquen y abastezcan la ciudad en que residen y que se despreocupen de la campaña. Quien tenga bien fortificada su ciudad, y con respecto a sus súbditos se haya conducido de acuerdo con lo ya expuesto y con lo que expondré más adelante, difícilmente será asaltado; porque los hombres son enemigos de las empresas demasiado arriesgadas, y no puede reputarse por fácil el asalto a alguien que tiene su ciudad bien fortificada y no es odiado por el pueblo. Las ciudades de Alemania son libérrimas; tienen poca campaña, y obedecen al emperador cuando les place, pues no le temen, así como no temen a ninguno de los poderosos que las rodean. La razón es simple: están tan bien fortificadas que no puede menos de pensarse que el asedio sería arduo y prolongado. Tienen muros y fosos adecuados, tanta artillería como necesitan, y guardan en sus almacenes lo necesario para beber, comer y encender fuego durante un año; aparte de lo cual, y para poder mantener a los obreros sin que ello sea una carga para el erario público, disponen siempre de trabajo para un año en esas obras que son el nervio y la vida de la ciudad. Por último, tienen en alta estima los ejercicios militares, que reglamentan con infinidad de ordenanzas.

Un príncipe, pues, que gobierne una plaza fuerte, y a quien el pueblo no odie, no puede ser atacado; pero si lo fuese, el atacante se vería obligado a retirarse sin gloria, porque son tan variables las cosas de este mundo que es imposible que alguien permanezca con sus ejércitos un año sitiando ociosamente una ciudad. Y al que me pregunte si el pueblo tendrá paciencia, y el largo asedio y su propio interés no le harán olvidar al príncipe, contesto que un príncipe poderoso y valiente superará siempre estas dificultades, ya dando esperanzas a sus súbditos de que el mal no durará mucho, ya infundiéndoles terror con la amenaza de las vejaciones del enemigo, o ya asegurándose diestramente de los que le parezcan demasiado osados. Añadiremos a esto que es muy probable que el enemigo devaste y saquee la comarca a su llegada, que es cuando los ánimos están mis caldeados y más dispuestos a la defensa; momento propicio para imponerse, porque, pasados algunos días, cuando los ánimos se hayan enfriado, los daños estarán hechos, las desgracias se habrán sufrido y no quedará ya remedio alguno. Los súbditos so unen por ello más estrechamente a su príncipe, como si el haber sido incendiadas sus casas y devastadas sus posesiones en defensa del señor obligará a este a protegerlos. Está en la naturaleza de los hombres el quedar reconocidos lo mismo por los beneficios que hacen que por los que reciben. De donde, si se considera bien todo, no será difícil a un príncipe sabio mantener firme el ánimo de sus ciudadanos durante el asedio, siempre y cuando no carezcan de víveres ni de medios de la defensa.

Capítulo XI

De los principados eclesiásticos.

Solo nos resta discurrir sobre los principados eclesiásticos, respecto a los cuales todas las dificultades existen antes de poseerlos, pues se adquieren o por valor o por suerte, y se conservan sin el uno ni la otra, dado que se apoyan en antiguas instituciones religiosas que son tan potentes y de tal calidad, que mantienen a sus príncipes en el poder sea cual fuere el modo en que estos procedan y vivan.

Estos son los únicos que tienen Estados y no los defienden; súbditos, y no los gobiernan. Y los Estados, a pesar de hallarse indefensos, no les son arrebatados, y los súbditos, a pasar de carecer de gobierno, no se preocupan, ni piensan, ni podrían sustraerse a su soberanía. Son, por consiguiente, los únicos principados seguros y felices. Pero como están regidos por leyes superiores, inasequibles a la mente humana, y como han sido inspirados por el Señor, sería oficio de hombre presuntuoso y temerario el pretender hablar de ellos. Sin embargo, si alguien me preguntase a qué se debe que la Iglesia haya llegado a adquirir tanto poder temporal, ya que antes de Alejandro, no só1o las potencias italianas, sino hasta los nobles y señores de menor importancia respetaban muy poco su fuerza temporal, mientras que ahora ha hecho temblar a un rey de Francia y aun pudo arrojarlo de Italia, y ha arruinado a los venecianos, no consideraría inútil recordar las circunstancias, aunque sean bastante conocidas.

Antes que Carlos, rey de Francia, entrase en Italia, esta provincia estaba bajo la dominación del papa, de los venecianos, del rey de Nápoles, del duque de Milán y de los florentinos. Estas potencias debían tener dos cuidados principales: evitar que un ejército extranjero invadiese a Italia y procurar que ninguna de ellas preponderara. Los que despertaban más recelos eran los venecianos y el papa. Para contener a aquellos era necesaria una coalición de todas las demás potencias, como se hizo para la defensa de Ferrara. Para contener al papa, bastaban los nobles romanos, que, divididos en dos facciones, los Orsini y los Colonna, disputaban continuamente y acudían a las armas a la vista misma del pontífice, con lo cual la Santa Sede estaba siempre débil y vacilante. Y aunque alguna vez surgiese un papa enérgico, como lo fue Sixto, ni la suerte ni la experiencia pudieron servirle jamás de manera decisiva, a causa de la brevedad de su vida, pues los diez años que, como término medio, vive un papa bastaban apenas para debilitar una de las facciones. Y si, por ejemplo, un papa había casi conseguido exterminar a los Colonna, resurgían estos bajo otro enemigo de los Orsini, a quienes tampoco había tiempo para hacer desaparecer por completo; por todo lo cual las fuerzas temporales del papa eran poco temidas en Italia. Vino por fin Alejandro VI y probó, como nunca lo había probado ningún pontífice, de cuánto era capaz un papa con fuerzas y dinero; pues tomando al duque Valentino por instrumento, y la llegada de los franceses como motivo, hizo todas esas cosas que he contado al hablar sobre las actividades del duque. Y aunque su propósito no fue engrandecer a la Iglesia, sino al duque, no es menos cierto que lo que realizó redundó en beneficio de la Iglesia, la cual, después de su muerte y de la del duque, fue heredera de sus fatigas. Lo sucedió el papa Julio, quien, con una Iglesia engrandecida y dueña de toda la Romaña, con los nobles romanos dispersos por las persecuciones de Alejandro, y abierto el camino para procurarse dinero, cosa que nunca había ocurrido antes de Alejandro, no solo mantuvo las conquistas de su predecesor, sino que las acrecentó; y después de proponerse la adquisición de Bolonia, la ruina de los venecianos y la expulsión de los franceses de Italia. lo llevó a cabo con tanta más gloria cuando que lo hizo para engrandecer la Iglesia y no a ningún hombre. Dejó las facciones Orsini y Colonna en el mismo estado en que las encontró., y aunque ambas tuvieron jefes capaces de rebelarse, se quedaron quietas por dos razones: primero, por la grandeza de la Iglesia, que los atemorizaba, y después, por carecer de cardenales que perteneciesen a sus partidos, origen siempre de discordia entre ellos. Que de nuevo se repetirán toda vez que tengan cardenales que los representen, pues estos fomentan dentro y fuera de Roma la creación de partidos que los nobles de una y otra familia se ven obligados a apoyar. Por lo cual cabe decir que las disensiones y disputas entre los nobles son originadas por la ambición de los prelados. Ha hallado, pues, Su Santidad el papa León una Iglesia potentísima; y se puede esperar que así como aquellos la hicieron grande por las armas, este la hará aún más poderosa y venerable por su bondad y sus mil otras virtudes.

Capítulo XII

De las distintas clases de milicias
y de los soldados mercenarios.

Después de haber discurrido detalladamente sobre la naturaleza de los principados de los cuales me había propuesto tratar, y de haber señalado en parte las causas de su prosperidad o ruina y los medios con que muchos quisieron adquirirlos y conservarlos, réstame ahora hablar de las formas de ataque y defensa que pueden ser necesarias en cada uno de los Estados a que me he referido.

Ya he explicado antes cómo es preciso que un príncipe eche los cimientos de su poder, porque, de lo contrario, fracasaría inevitablemente. Y los cimientos indispensables a todos los Estados, nuevos, antiguos o mixtos, son las buenas leyes y las buenas tropas; y come aquellas nada pueden donde faltan estas, y come allí donde hay buenas tropas por fuerza ha de haber buenas leyes, pasaré por alto las leyes y hablaré de las tropas.

Digo, pues, que las tropas con que un príncipe defiende sus Estados son propias, mercenarias, auxiliares o mixtas. Las mercenarias y auxiliares son inútiles y peligrosas; y el príncipe cuyo gobierno descanse en soldados mercenarios no estará nunca seguro ni tranquilo, porque están desunidos, porque son ambiciosos, desleales, valientes entre los amigos, pero cobardes cuando se encuentran frente a los enemigos; porque no tienen disciplina, como tienen temor de Dios ni buena fe con los hombres; de modo que no se difiere la ruina sino mientras se difiere la ruptura; y ya durante la paz despojan a su príncipe tanto como los enemigos durante la guerra, pues no tienen otro amor ni otro motivo que los lleve a la batalla que la paga del príncipe, la cual, por otra parte, no es suficiente para que deseen morir por él. Quieren ser sus soldados mientras el príncipe no hace la guerra; pero en cuanto la guerra sobreviene, o huyen o piden la baja. Poco me costaría probar esto, pues la ruina actual de Italia no ha sido causada sino por la confianza depositada durante muchos años en las tropas mercenarias, que hicieron al principio, y gracias a ciertos jefes, algunos progresos que les dieron fama de bravas; pero que demostraron lo que valían en cuanto aparecieron a la vista ejércitos extranjeros. De tal suerte que Carlos, rey de Francia, se apoderó de Italia con un trozo de tiza. Y los que afirman que la culpa la tenían nuestros pecados, decían la verdad, aunque no se trataba de los pecados que imaginaban, sino de los que he expuesto. Y como estos pecados los cometieron los príncipes, sobre ellos recayó el castigo.

Quiero dejar mejor demostrada la ineficacia de estos ejércitos. Los capitanes mercenarios o son hombres de mérito o no lo son; no se puede confiar en ellos sí lo son porque aspirarán siempre a forjar su propia grandeza, ya tratando de someter al príncipe su señor, ya tratando de oprimir a otros al margen de los designios del príncipe; y mucho menos si no lo son, pues con toda seguridad llevarán al príncipe a la ruina Y a quien objetara que esto podría hacerlo cualquiera, mercenario o no, replicaría con lo siguiente: que un principado o una república deben tener sus milicias propias; que, en un principado. el príncipe debe dirigir las milicias en persona y hacer el oficio de capitán; y en las repúblicas, un ciudadano; y si el ciudadano nombrado no es apto, se lo debe cambiar; y si es capaz para el puesto, sujetarlo por medio de leyes. La experiencia enseña que solo los príncipes y repúblicas armadas pueden hacer grandes progresos, y que las armas mercenarias solo acarrean daños. Y es más difícil que un ciudadano someta a una república que está armada con armas propias que una armada con armas extranjeras.

Roma y Esparta se conservaron libres durante muchos siglos porque estaban armadas. Los suizos son muy libres porque disponen de armas propias. De las armas mercenarias de la antigüedad son un ejemplo los cartagineses, los cuales estuvieron a punto de ser sometidos por sus tropas mercenarias, después de la primera guerra con los romanos, a pesar de que los cartagineses tenían por jefes a sus mismos conciudadanos. Filipo de Macedonia, nombrado capitán de los tebanos a la muerte de Epaminondas, les quitó la libertad después de la victoria. Los milaneses, muerto el duque Felipe, tomaron a sueldo a Francisco Sforza para combatir a los venecianos; y Sforza venció al enemigo en Caravaggio y se alió después con él para sojuzgar a los milaneses, sus amos. El padre de Francisco Sforza, estando al servicio de la reina Juana de Nápoles, la abandonó inesperadamente; y ella, al quedar sin tropas que la defendiesen, se vio obligada, para no perder el reino, a entregarse en manos del rey de Aragón. Y si los florentinos y venecianos extendieron sus dominios gracias a esas milicias, y si sus capitanes los defendieron en vez de someterlos, se debe exclusivamente a la suerte; porque de aquellos capitanes a los que podían temer, unos no vencieron nunca, otros encontraron oposición y los últimos orientaron sus ambiciones hacia otra parte. En el número de los primeros se contó Juan Aucut, cuya fidelidad mal podía conocerse cuando nunca obtuvo una victoria., pero nadie dejará de reconocer que, si hubiese triunfado, quedaban los florentinos librados a su discreción. Francisco Sforza tuvo siempre por adversario a los Bracceschi, y se vigilaron mutuamente; al fin, Francisco volvió sus miras hacia la Lombardía, y Braccio hacia la Iglesia y el reino de Nápoles.

Pero atendamos a lo que ha sucedido hace poco tiempo. Los florentinos nombraron capitán de sus milicias a Pablo Vitelli, varón muy prudente que, de condición modesta, había llegado a adquirir gran fama. A haber tomado a Pisa, los florentinos se hubiesen visto obligados a sostenerlo, porque estaban perdidos si se pasaba a los enemigos, y si hubieran querido que se quedara, habrían debido obedecerle. Si se consideran los procedimientos de los venecianos, se verá que obraron con seguridad y gloria mientras hicieron la guerra con sus propios soldados, lo que sucedió antes que tentaran la suerte en tierra firme, cuando contaban con nobles y plebeyos que defendían lo suyo; pero bastó que empezaran a combatir en tierra firme para que dejaran aquella virtud y adoptaran las costumbres del resto de Italia. Al principio de sus empresas por tierra firme, nada tenían que temer de sus capitanes, así por lo reducido del Estado como por la gran reputación de que gozaban; pero cuando bajo Carmagnola el territorio se fue ensanchando, notaron el error en que habían caído. Porque viendo que aquel hombre, cuya capacidad conocían después de haber derrotado al duque de Milán, hacia la guerra con tanta tibieza, comprendieron que ya nada podía esperarse de él, puesto que no lo quería; y dado que no podían licenciarlo, pues perdían lo que habían conquistado, no les quedaba otro recurso, para vivir seguros, que matarlo. Tuvieron luego por capitanes a Bartolomé de Bérgamo, a Roberto de San Severino, al conde de Pitigliano y a otros de quienes no tenían que temer las victorias, sino las derrotas, como les sucedió luego en Vaili, donde en un día perdieron lo que con tanto esfuerzo habían conquistado en ochocientos años. Porque estas milicias, o traen lentas, tardías y mezquinas adquisiciones, o súbitas y fabulosas pérdidas.

Y ya que estos ejemplos me han conducido a referirme a Italia, estudiemos la historia de las tropas mercenarias que durante tantos años la gobernaron, y remontándonos a los tiempos más antiguos, para que, vistos su origen y sus progresos, puedan corregirse mejor los errores.

Es de saber que, en épocas no recientes, cuando el emperador empezó a ser arrojado de Italia y el poder temporal del papa acrecentarse, Italia se dividió en gran número de Estados; porque muchas de las grandes ciudades tomaron las armas contra sus señores, que, favorecidos antes por el emperador, las tenían avasalladas; y el papa, para beneficiarse, ayudó en cuanto pudo a esas rebeliones. De donde Italia pasó casi por entero a las manos de la Iglesia y de varias repúblicas —pues algunas de las ciudades habían nombrado príncipes a sus ciudadanos—; y como estos sacerdotes y estos ciudadanos no conocían el arte de la guerra, empezaron a tomar extranjeros a sueldo. El primero que dio reputación a estas milicias fue Alberico de Conio, de la Romaña, a cuya escuela pertenecen, entre otros, Braccio y Sforza, que en sus tiempos fueron árbitros de Italia. Tras ellos vinieron todos los que hasta nuestros tiempos han dirigido esas tropas. Y el resultado de su virtud lo hallamos en esto: que Italia fue recorrida libremente por Carlos, saqueada por Luis, violada por Fernando e insultada por los suizos. El. método que estos capitanes siguieron para adquirir reputación fue primero el de quitarle importancia a la infantería. Y lo hicieron porque, no poseyendo tierras y teniendo que vivir de su industria, con pocos infantes no pedían imponerse y les era imposible alimentar a muchos, mientras que, con un número reducido de jinetes, se veían honrados sin que fuese un problema el proveer a su sustentación. Las cosas habían llegado a tal extremo, que en un ejército de veinte mil hombres no había dos mil infantes. Por otra parte, se habían ingeniado para ahorrarse y ahorrar a sus soldados la fatiga y el miedo con la consigna de no matar en las refriegas, sino tomar prisioneros, sin degollarlos. No asaltaban de noche las ciudades, ni los campesinos atacaban las tiendas; no levantaban empalizadas ni abrían fosos alrededor del campamento, ni vivían en él durante el invierno. Todas estas cosas, permitidas por sus códigos militares, las inventaron ellos, como he dicho, para evitarse fatigas y peligros. Y con ellas condujeron a Italia a la esclavitud y a la deshonra.

Capítulo XIII

De los soldados auxiliares, mixtos y propios.

Las tropas auxiliares, otras de las tropas inútiles de que he hablado, son aquellas que se piden a un príncipe poderoso para que nos socorra y defienda, tal como hizo en estos últimos tiempos el papa Julio, cuando, a raíz del pobre papel que le tocó representar con sus tropas mercenarias en la empresa de Ferrara, tuvo que acudir a las auxiliares y convenir con Fernando, rey de España, que este iría en su ayuda con sus ejércitos. Estas tropas pueden ser útiles y buenas para sus amos, pero para quien las llama son casi siempre funestas; pues si pierden, queda derrotado, y si gana, se convierte en su prisionero. Y aunque las historias antiguas están llenas de estos ejemplos, quiero, sin embargo, detenerme en el caso reciente de Julio II, que no pudo haber cometido imprudencia mayor para conquistar a Ferrera que el entregarse por completo en manos de un extranjero. Pero su buena estrella hizo surgir una tercera causa, que, de lo contrario, hubiera pagado las consecuencias de su mala elección. Porque derrotados sus auxiliares en Ravena, aparecieron los suizos, que, contra la opinión de todo el mundo, incluso la suya, pusieron en fuga a los vencedores, de modo que no quedó prisionero de los enemigos, que habían huido, ni de los auxiliares, ya que había triunfado con otras tropas. Los florentinos, que carecían de ejércitos propios, trajeron diez mil franceses para conquistar a Pisa; y esta resolución les hizo correr más peligros de los que corrieran nunca en ninguna época. El emperador de Constantinopla, para ayudar a sus vecinos, puso en Grecia diez mil turcos, los cuales, una vez concluida la guerra, se negaron a volver a su patria; de donde empezó la servidumbre de Grecia bajo el yugo de los infieles.

Se concluye de esto que todo el que no quiera vencer no tiene más que servirse de esas tropas, muchísimo más peligrosas que las mercenarias, porque están perfectamente unidas y obedecen ciegamente a sus jefes, con lo cual la ruina es inmediata; mientras que las mercenarias, para someter al príncipe, una vez que han triunfado, necesitan esperar tiempo y ocasión, pues no constituyen un cuerpo unido y, por añadidura, están a sueldo del príncipe. En ellas, un tercero a quien el príncipe haya hecho jefe no puede cobrar en seguida tanta autoridad como para perjudicarlo. En suma, en las tropas mercenarias hay que temer sobre todo las derrotas; en las auxiliares, los triunfos.

Por ello, todo príncipe prudente ha desechado estas tropas y se ha refugiado en las propias, y ha preferido perder con las suyas a vencer con las otras, considerando que no es victoria verdadera la que se obtiene con armas ajenas. No me cansaré nunca de elogiar a César Borgia y su conducta. Empezó el duque por invadir la Romaña con tropas auxiliares, todos soldados franceses, y con ellas tomó a Imola y Forli. Pero no pareciéndoles seguras, se volvió a las mercenarias, según él menos peligrosas; y tomó a sueldo a los Orsini y los Vitelli. Por último, al notar que también estas eran inseguras, infieles y peligrosas, las disolvió y recurrió a las propias. Y de la diferencia que hay entre esas distintas milicias se puede formar una idea considerando la autoridad que tenía el duque cuando solo contaba con los franceses y cuando se apoyaba en los Orsini y Vitelli, y la que tuvo cuando se quedó con sus soldados y descansó en sí mismo: que era, sin duda alguna, mucho mayor, porque nunca fue tan respetado como cuando se vio que era el único amo de sus tropas.

Me había propuesto no salir de los ejemplos italianos y recientes; pero no quiero olvidarme de Hierón de Siracusa, ya que en otra parte lo he citado. Convertido, como expliqué, en jefe de los ejércitos de Siracusa, advirtió en seguida de la inutilidad de las milicias mercenarias, cuyos jefes tenían los mismos defectos que nuestros italianos; y como no creía conveniente conservarlas ni licenciarlas, eliminó a sus jefes. E hizo la guerra con sus tropas y no con las ajenas. Quiero también recordar un episodio del Viejo Testamento que viene muy al caso. Ofreciéndose David a Saúl para combatir a Goliat, provocador filisteo, Saúl, para darle valor, lo armó con sus armas; pero una vez que se vio cargado con estas, David las rechazó, diciendo que con ellas no podría sacar partido de sí mismo y que prefería ir al encuentro del enemigo con su honda y su cuchillo.

En fin, sucede siempre que las armas ajenas o se caen de los hombros del príncipe, o le pesan, o le oprimen. Carlos VII, padre del rey Luis XI, una vez que con su fortuna y valor liberó a Francia de los ingleses, conoció esta necesidad de armarse con sus propias armas y ordenó en su reino la creación de milicias de caballería e infantería. Después, el rey Luis, su hijo, disolvió las de infantería y empezó a tomar a sueldo a suizos, error que, renovado por otros, es, como ahora se ve, el motivo de los males de aquel reino. Porque al acreditar a los suizos, desacreditó todas sus armas, ya que hizo desaparecer la infantería y depender la caballería de las tropas ajenas. Acostumbrada esta a ir a la guerra en compañía de los suizos, no cree poder vencer sin ellos. Lo cual explica que los franceses no puedan contra los suizos, y que sin los suizos no se atrevan a enfrentar a otros. Los ejércitos de Francia son, pues, mixtos, dado que se componen de tropas mercenarias y propias; y, en su conjunto, son mucho mejores que las milicias exclusivamente mercenarias o exclusivamente auxiliares, pero muy inferiores a las propias. Bastará el ejemplo citado para hacer comprender que el reino de Francia sería hoy invencible si se hubiese respetado la disposición de Carlos; pero la escasa perspicacia de los hombres hace que comiencen algo que parece bueno por el hecho de que no manifiesta el veneno que esconde debajo, como he dicho que sucede con la tisis.

Por lo tanto, aquel que en un principado no descubre los males sino una vez nacidos, no es verdaderamente sabio; pero esta es virtud que tienen pocos. Si se examinan las causas de la decadencia del Imperio Romano, se advierte que la principal estribó en empezar a tomar a sueldo a los godos, pues desde entonces las fuerzas del imperio fueron debilitándose, y toda la virtud que ellas perdían la adquirían los otros.

Concluyo, pues, que sin milicias propias no hay principado seguro; más aún: está por completo en manos del azar, al carecer de medios de defensa contra la adversidad. Que fue siempre opinión y creencia de los hombres prudentes «quod nihil sit tam infirmum aut instabile, quam: fama potentiae non sua vi nixa». Y milicias propias son las compuestas, o por súbditos, o por ciudadanos, o por servidores del príncipe. Y no será difícil rodearse de ellas si se siguen los ejemplos de los cuatro a quienes he citado, y se examina la forma en que Filipo, padre de Alejandro Magno, y muchas repúblicas y príncipes organizaron sus tropas. Conducta a la cual me remito por entero.

Capítulo XIV

De los deberes de un príncipe para con la milicia.

Un príncipe no debe tener otro objeto ni pensamiento ni preocuparse de cosa alguna fuera del arte de la guerra y lo que a su orden y disciplina corresponde, pues es lo único que compete a quien manda. Y su virtud es tanta, que no solo conserva en su puesto a los que han nacido príncipes, sino que muchas veces eleva a esta dignidad a hombres de condición modesta; mientras que, por el contrario ha, hecho perder el Estado a príncipes que han pensado más en las diversiones que en las armas. Pues la razón principal de la pérdida de un Estado se halla siempre en el olvido de este arte, en tanto que la condición primera para adquirirlo es la de ser experto en él.

Francisco Sforza, por medio de las armas, llegó a ser duque de Milán, de simple ciudadano que era; y sus hijos, por escapar a las incomodidades de las armas, de duques pasaron a ser simples ciudadanos. Aparte de otros males que trae, el estar desarmado hace despreciable, vergüenza que debe evitarse por lo que luego explicaré. Porque entre uno armado y otro desarmado no hay comparación posible, y no es razonable que quien esté armado obedezca de buen grado a quien no lo está, y que el príncipe desarmado se sienta seguro entre servidores armados, porque, desdeñoso uno y desconfiado el otro, no es posible que marchen de acuerdo. Por todo ello, un príncipe que, aparte de otras desgracias, no entienda de cosas militares, no puede ser estimado por sus soldados ni puede confiar en ellos.

En consecuencia, un príncipe jamás debe dejar de ocuparse del arte militar, y durante los tiempos de paz debe ejercitarse más que en los de guerra; lo cual puede hacer de dos modos: con la acción y con el estudio. En lo que atañe a la acción, debe, además de ejercitar y tener bien organizadas sus tropas, dedicarse constantemente a la caza con el doble objeto de acostumbrar el cuerpo a las fatigas y de conocer la naturaleza de los terrenos, la altitud de las montañas, la entrada de les valles, la situación de las llanuras, el curso de los ríos y la extensión de los pantanos. En esto último pondrá muchísima seriedad, pues tal estudio presta dos utilidades: primero, se aprende a conocer la región donde se vive y a defenderla mejor; después, en virtud del conocimiento práctico de una comarca, se hace más fácil el conocimiento de otra donde sea necesario actuar, porque las colinas, los valles, las llanuras, los ríos y los pantanos que hay, por ejemplo, en Toscana, tienen cierta similitud con los de las otras provincias, de manera que el conocimiento de los terrenos de una provincia sirve para el de las otras. El príncipe que carezca de esta pericia carece de la primera cualidad que distingue a un capitán, pues tal condición es la que enseña a dar con el enemigo, a tomar los alojamientos, a conducir los ejércitos, a preparar un plan de batalla y a atacar con ventaja.

Filopémenes, príncipe de los aqueos, tenía, entre otros méritos que los historiadores le concedieron, el de que en los tiempos de paz no pensaba sino en las cosas que incumben a la guerra; y cuando iba de paseo por la campaña, a menudo se detenía y discurría así con los amigos: «Si el enemigo estuviese en aquella colina y nosotros nos encontráremos aquí con nuestro ejército, ¿de quién sería la ventaja? ¿Cómo podríamos ir a su encuentro, conservando el orden? Si quisiéramos retirarnos, ¿cómo deberíamos proceder? ¿Y cómo los perseguiríamos, si los que se retirasen fueran ellos?». Y les proponía, mientras caminaba, todos los casos que pueden presentársele a un ejército; escuchaba sus opiniones, emitía la suya y la justificaba. Y gracias a este continuo razonar, nunca, mientras guió sus ejércitos, pudo surgir accidente alguno para el que no tuviese remedio previsto.

En cuanto al ejercicio de la mente, el príncipe debe estudiar la Historia, examinar las acciones de los hombres ilustres, ver cómo se han conducido en la guerra, analizar el porqué de sus victorias y derrotas para evitar estas y tratar de lograr aquellas; y sobre todo hacer lo que han hecho en el pasado algunos hombres egregios que, tomando a los otros por modelos, tenían siempre presentes sus hechos más celebrados. Corno se dice que Alejandro Magno hacia con Aquiles, César con Alejandro, Escipión con Ciro. Quien lea la vida do Ciro, escrita por Jenofonte, reconocerá en la vida de Escipión la gloria que le reportó el imitarlo, y cómo, en lo que se refiere a castidad, afabilidad, clemencia y liberalidad, Escipión se ciñó por completo a lo que Jenofonte escribió de Ciro. Esta es la conducta que debe observar un príncipe prudente: no permanecer inactivo nunca en los tiempos de paz, sino, por cl contrario, hacer acopio de enseñanzas para valerse de ellas en la adversidad, a fin de que, si la fortuna cambia, lo halle preparado para resistirle.

Capítulo XV

De aquellas cosas por las cuales los hombres y especialmente los príncipes, son alabados o censurados.

Queda ahora por analizar cómo debe comportarse un príncipe en el trato con súbditos y amigos. Y porque sé que muchos han escrito sobre el tema, me pregunto, al escribir ahora yo, si no seré tachado de presuntuoso, sobre todo al comprobar que en esta materia me aparto de sus opiniones. Pero siendo mi propósito escribir cosa útil para quien la entiende, me ha parecido más conveniente ir tras la verdad efectiva de la cosa que tras su apariencia. Porque muchos se han imaginado como existentes de veras a repúblicas y principados que nunca han sido vistos ni conocidos; porque hay tanta diferencia entre cómo se vive y cómo se debería vivir, que aquel que deja lo que se hace por lo que debería hacerse marcha a su ruina en vez de beneficiarse, pues un hombre que en todas partes quiera hacer profesión de bueno es inevitable que se pierda entre tantos que no lo son. Por lo cual es necesario que todo príncipe que quiera mantenerse aprenda a no ser bueno, y a practicarlo o no de acuerdo con la necesidad.

Dejando, pues, a un lado las fantasías, y preocupándonos solo de las cosas reales, digo que todos los hombres, cuando se habla de ellos, y en particular los príncipes, por ocupar posiciones más elevadas, son juzgados por algunas de estas cualidades que les valen o censura o elogio. Uno es llamado pródigo, otro tacaño (y empleo un término toscano, porque «avaro», en nuestra lengua, es también el que tiende a enriquecerse por medio de la rapiña, mientras que llamamos «tacaño» al que se abstiene demasiado de gastar lo suyo); uno es considerado dadivoso, otro rapaz; uno cruel, otro clemente; uno traidor, otro leal; uno afeminado y pusilánime, otro decidido y animoso; uno humano, otro soberbio; uno lascivo, otro casto; uno sincero, otro astuto; uno duro, otro débil; uno grave, otro frívolo; uno religioso, otro incrédulo, y así sucesivamente. Sé que no habría nadie que no opinase que sería cosa muy loable que, de entre todas las cualidades nombradas, un príncipe poseyese las que son consideradas buenas; pero como no es posible poseerlas todas, ni observarlas siempre, porque la naturaleza humana no lo consiente, le es preciso ser tan cuerdo que sepa evitar la vergüenza de aquellas que le significarían la pérdida del Estado, y, sí puede, aun de las que no se lo harían perder; pero si no puede no debe preocuparse gran cosa, y mucho menos de incurrir en la infamia de vicios sin los cuales difícilmente podría salvar el Estado, porque si consideramos esto con frialdad, hallaremos que, a veces, lo que parece virtud es causa de ruina, y lo que parece vicio solo acaba por traer el bienestar y la seguridad.

Capítulo XVI

De la prodigalidad y de la avaricia.

Empezando por las primeras de las cualidades nombradas, digo que estaría bien ser tenido por pródigo. Sin embargo, la prodigalidad, practicada de manera que se sepa que uno es pródigo, perjudica; y por otra parte, si se la practica virtuosamente y tal como se la debe practicar, la prodigalidad no será conocida y se creerá que existe el vicio contrario. Pero como el que quiere conseguir fama de pródigo entre los hombres no puede pasar por alto ninguna clase de lujos, sucederá siempre que un príncipe así acostumbrado a proceder consumirá en tales obras todas sus riquezas y se verá obligado, a la postre, si desea conservar su reputación, a imponer excesivos tributos, a ser riguroso en el cobro y a hacer todas las cosas que hay que hacer para procurarse dinero. Lo cual empezará a tornarle odioso a los ojos de sus súbditos, y nadie lo estimará, ya que se habrá vuelto pobre. Y como con su prodigalidad ha perjudicado a muchos y beneficiado a pocos, se resentirá al primer inconveniente y peligrará al menor riesgo. Y si entonces advierte su falla y quiere cambiar de conducta, será tachado de tacaño.

Ya que un príncipe no puede practicar públicamente esta virtud sin que se perjudique, convendrá, si es sensato, que no se preocupe si es tildado de tacaño; porque, con el tiempo, al ver que con su avaricia le bastan las entradas para defenderse de quien le hace la guerra, y puede acometer nuevas empresas sin gravar al pueblo, será tenido siempre por más pródigo, pues practica la generosidad con todos aquellos a quienes no quita, que son innumerables, y la avaricia con todos aquellos a quienes no da, que son pocos.

En nuestros tiempos solo hemos visto hacer grandes cosas a los hombres considerados tacaños; los demás siempre han fracasado. El papa Julio II, después de servirse del nombre do pródigo para llegar al Pontificado, no se cuidó a fin de poder hacer la guerra, de conservar semejante fama. El actual rey de Francia ha sostenido tantas guerras sin imponer tributos extraordinarios a sus súbditos porque, con su extremada economía, proveyó a los superfluos. El actual rey España, si hubiera sido espléndido, no habría realizado ni vencido en tantas empresas.

En consecuencia, un príncipe debe reparar poco —con tal de que ello le permita defenderse, no robar a los súbditos, no volverse pobre y despreciable, no mostrarse expoliador— en incurrir en el vicio de tacaño; porque este es uno de los vicios que hacen posible reinar. Y si alguien dijese: «Gracias a su prodigalidad, César llegó al imperio, y muchos otros, por haber sido y haberse ganado fama de pródigos, escalaron altísimas posiciones», contestaría: «O ya eres príncipe, o estas en camino de serlo; en el primer caso, la liberalidad es perniciosa; en el segundo, necesaria. Y César era uno de los que querían llegar al principado de Roma; pero si después de lograrlo hubiese sobrevivido y no se hubiera moderado en los gastos, habría llevado el imperio a la ruina». Y si alguien replicase: «Ha habido muchos príncipes, reputados por liberalísimos, que hicieron grandes cosas con las armas» diría yo: «O el príncipe gasta lo suyo y lo de los súbditos, o gasta lo ajeno»; en el primer caso debe ser medido, en el otro, no debe cuidarse del despilfarro. Porque el príncipe que va con sus ejércitos y que vive del botín, de los saqueos y de las contribuciones, necesita esa esplendidez a costa de los enemigos, ya que de otra manera los soldados no lo seguirían. Con aquello que no es del príncipe ni de sus súbditos se puede ser extremadamente generoso, como lo fueron Ciro, César y Alejandro; porque el derrochar lo ajeno, antes concede que quita reputación; solo el gastar lo de uno perjudica. No hay cosa que se consuma tanto a sí misma como la prodigalidad, pues cuanto más se la practica más se pierde la facultad de practicarla; y se vuelve el príncipe pobre y despreciable, o, si quiere escapar de la pobreza, expoliador y odioso. Y si hay algo que deba evitarse, es el ser despreciado y odioso, y a ambas cosa conduce la prodigalidad. Por lo tanto, es más prudente contentarse con el tilde de tacaño que implica una vergüenza sin odio, que, por ganar fama de pródigo, incurrir en el de expoliador, que implica una vergüenza con odio.

Capítulo XVII

De la crueldad y la clemencia; y si es mejor ser amado que temido, o ser temido que amado.

Paso a las otras cualidades ya cimentadas y declaro que todos los príncipes deben desear ser tenidos por clementes y no por crueles. Y, sin embargo, deben cuidarse de emplear mal esta clemencia, César Borgia era considerado cruel, pese a lo cual fue su crueldad la que impuso el orden en la Romaña, la que logró su unión y la que la volvió a la paz y a la fe. Que, si se examina bien, se verá que Borgia fue mucho más clemente que el pueblo florentino, que para evitar ser tachado de cruel, dejó destruir a Pistoya. Por lo tanto, un príncipe no debe preocuparse porque lo acusen de cruel, siempre y cuando su crueldad tenga por objeto el mantener unidos y fieles a los súbditos; porque con pocos castigos ejemplares será más clemente que aquellos que, por excesiva clemencia, dejan multiplicar los desórdenes, causas de matanzas y saqueos que perjudican a toda una población, mientras que las medidas extremas adoptadas por el príncipe solo van en contra de uno. Y es sobre todo un príncipe nuevo el que no debe evitar los actos de crueldad, pues toda nueva dominación trae consigo infinidad de peligros. Así se explica que Virgilio ponga en boca de Dido:

Res dura et regni novitas me talia cogunt
Moliri, et late fines custode tueri.

Sin embargo, debe ser cauto en el creer y el obrar, no tener miedo de sí mismo y proceder con moderación, prudencia y humanidad, de modo que una excesiva confianza no lo vuelva imprudente, y una desconfianza exagerada, intolerable.

Surge de esto una cuestión: si vale más ser amado que temido, o temido que amado. Nada mejor que ser ambas cosas a la vez; pero puesto que es difícil reunirlas y que siempre ha de faltar una, declaro que es más seguro ser temido que amado. Porque de la generalidad de los hombres se puede decir esto: que son ingratos, volubles, simuladores, cobardes ante el peligro y ávidos de lucro. Mientras les haces bien, son completamente tuyos: te ofrecen su sangre, sus bienes, su vida y sus hijos, pues —como antes expliqué— ninguna necesidad tienes de ello; pero cuando la necesidad se presenta se rebelan. Y el príncipe que ha descansado por entero en su palabra va a la ruina al no haber tomado otras providencias; porque las amistades que se adquieren con el dinero y no con la altura y nobleza de almas son amistades merecidas, pero de las cuales no se dispone, y llegada la oportunidad no se las puede utilizar. Y los hombres tienen menos cuidado en ofender a uno que se haga amar que a uno que se haga temer; porque el amor es un vínculo de gratitud que los hombres, perversos por naturaleza, rompen cada vez que pueden beneficiarse; pero el temor es miedo al castigo que no se pierde nunca. No obstante lo cual, el príncipe debe hacerse temer de modo que, si no se granjea el amor, evite el odio, pues no es imposible ser a la vez temido y no odiado; y para ello bastará que se abstenga de apoderarse de los bienes y de las mujeres de sus ciudadanos y súbditos, y que no proceda contra la vida de alguien sino cuando hay justificación conveniente y motivo manifiesto; pero sobre todo abstenerse de los bienes ajenos, porque los hombres olvidan antes la muerte del padre que la pérdida del patrimonio. Luego, nunca faltan excusas para despojar a los demás de sus bienes, y el que empieza a vivir de la rapiña siempre encuentra pretextos para apoderarse de lo ajeno, y, por el contrario, para quitar la vida, son más raros y desaparezcan con más rapidez.

Pero cuando el príncipe está al frente de sus ejércitos y tiene que gobernar a miles de soldados, es absolutamente necesario que no se preocupe si merece fama de cruel, porque sin esta fama jamás podrá tenerse ejército alguno unido y dispuesto a la lucha. Entre las infinitas cosas admirables de Aníbal se cita la de que, aunque contaba con un ejército grandísimo, formado por hombres de todas las razas a los que llevó a combatir en tierras extranjeras, jamás surgió discordia alguna entre ellos ni contra el príncipe, así en la mala como en la buena fortuna. Y esto no podía deberse sino a su crueldad inhumana, que, unida a sus muchas otras virtudes, lo hacía venerable y terrible en el concepto de los soldados; que, sin aquella, todas las demás no le habrían bastado para ganarse este respeto. Los historiadores poco reflexivos admiran, por una parte, semejante orden, y, por la otra, censuran su razón principal. Que si es verdad o no que las demás virtudes no le habrían bastado puede verse en Escipión —hombre de condiciones poco comunes, no solo dentro de su boca, sino dentro de toda la historia de la humanidad—, cuyos ejércitos se rebelaron en España. Lo cual se produjo por culpa de su excesiva clemencia, que había dado a sus soldados más licencia de la que a la disciplina militar convenía. Falta que Fabio Máximo le reprochó en el Senado, llamándolo corruptor de la milicia romana. Los locrios, habiendo sido ultrajados por un enviado de Escipión, no fueron desagraviados por este ni la insolencia del primero fue castigada naciendo todo de aquel su blando carácter. Y a tal extremo, que alguien que lo quiso justificar ante el Senado dijo que pertenecía a la clase de hombres que saben mejor no equivocarse que enmendar las equivocaciones ajenas. Este carácter, con el tiempo habría acabado por empañar su fama y su honor, a haber llegado Escipión al mando absoluto; pero como estaba bajo las órdenes del Senado, no solo quedó escondida esta mala cualidad suya, sino que se convirtió en su gloria.

Volviendo a la cuestión de ser amado o temido, concluyo que, como el amar depende de la voluntad de los hombres y el temer de la voluntad del príncipe, un príncipe prudente debe apoyarse en lo suyo y no en lo ajeno, pero, como he dicho, tratando siempre de evitar el odio.

Capítulo XVIII

De qué modo los príncipes deben cumplir sus promesas.

Nadie deja de comprender cuán digno de alabanza es el príncipe que cumple la palabra dada, que obra con rectitud y no con doblez; pero la experiencia nos demuestra, por lo que sucede en nuestros tiempos, que son precisamente los príncipes que han hecho menos caso de la fe jurada, envuelto a los demás con su astucia y reído de los que han confiado en su lealtad, los únicos que han realizado grandes empresas.

Digamos primero que hay dos maneras de combatir: una, con las leyes; otra, con la fuerza. La primera es distintiva del hombre; la segunda, de la bestia. Pero como a menudo la primera no basta, es forzoso recurrir a la segunda. Un príncipe debe saber entonces comportarse como bestia y como hombre. Esto es lo que los antiguos escritores enseñaron a los príncipes de un modo velado cuando dijeron que Aquiles y muchos otros de los príncipes antiguos fueron confiados al centauro Quirón para que los criara y educase. Lo cual significa que, como el preceptor es mitad bestia y mitad hombre, un príncipe debe saber emplear las cualidades de ambas naturalezas, y que una no puede durar mucho tiempo sin la otra.

De manera que, ya que se ve obligado a comportarse como bestia, conviene que el príncipe se transforma en zorro y en león, porque el 1eón no sabe protegerse de las trampas ni el zorro protegerse de los lobos. Hay, pues, que ser zorro para conocer las trampas y 1eón para espantar a los lobos. Los que solo se sirven de las cualidades del león demuestran poca experiencia. Por lo tanto, un príncipe prudente no debe observar la fe jurada cuando semejante observancia vaya en contra de sus intereses y cuando hayan desaparecido las razones que le hicieron prometer. Si los hombres fuesen todos buenos, este precepto no sería bueno; pero como son perversos, y no la observarían contigo, tampoco tú debes observarla con ellos. Nunca faltaron a un príncipe razones legitimas para disfrazar la inobservancia. Se podrían citar innumerables ejemplos modernos de tratados de paz y promesas vueltos inútiles por la infidelidad de los príncipes. Que el que mejor ha sabido ser zorro, ese ha triunfado. Pero hay que saber disfrazarse bien y ser hábil en fingir y en disimular. Los hombres son tan simples y de tal manera obedecen a las necesidades del momento, que aquel que engaña encontrará siempre quien se deje engañar.

No quiero callar uno de los ejemplos contemporáneos. Alejandro VI nunca hizo ni pensó en otra cosa que en engañar a los hombres, y siempre halló oportunidad para hacerlo. Jamás hubo hombre que prometiese con mis desparpajo ni que hiciera tantos juramentos sin cumplir ninguno; y, sin embargo, los engaños siempre le salieron a pedir de boca, porque conocía bien esta parte del mundo.

No es preciso que un príncipe posea todas las virtudes citadas, pero es indispensable que aparente poseerlas. Y hasta me atreveré a decir esto: que el tenerlas y practicarlas siempre es perjudicial, y el aparentar tenerlas, útil. Está bien mostrarse piadoso, fiel, humano, recto y religioso, y asimismo serlo efectivamente; pero se debe estar dispuesto a irse al otro extremo si ello fuera necesario. Y ha de tenerse presente que un príncipe, y sobre todo un príncipe nuevo, no puede observar todas las cosas gracias a las cuales los hombres son considerados buenos, porque, a menudo, para conservarse en el poder, se ve arrastrado a obrar contra la fe, la caridad, la humanidad y la religión. Es preciso, pues, que tenga una inteligencia capaz de adaptarse a todas las circunstancias, y que, como he dicho antes, no se aparte del bien mientras pueda, pero que, en caso de necesidad, no titubee en entrar en el mal.

Por todo esto un príncipe debe tener muchísimo cuidado de que no le brote nunca de los labios algo que no esté empapado de las cinco virtudes citadas, y de que, al verlo y oírlo, parezca la clemencia, la fe, la rectitud y la religión mismas, sobre todo esta última. Pues los hombres, en general, juzgan más con los ojos que con las manos, porque todos pueden ver, pero pocos tocar. Todos ven lo que pareces ser, mas pocos saben lo que eres; y estos pocos no se atreven a oponerse a la opinión de la mayoría, que se escuda detrás de la majestad del Estado. Y en las acciones de los hombres, y particularmente de los príncipes, donde no hay apelación posible, se atiende a los resultados. Trate, pues, un príncipe de vencer y conservar el Estado, que los medios siempre serán honorables y loados por todos; porque el vulgo se deja engañar por las apariencias y por el éxito; y en el mundo solo hay vulgo, ya que las minorías no cuentan sino cuando las mayorías no tienen donde apoyarse. Un príncipe de estos tiempos, a quien no es oportuno nombrar, jamás predica otra cosa que concordia y buena fe; y es enemigo acérrimo de ambas, ya que, si las hubiese observado, habría perdido más de una vez la fama y las tierras.

Capítulo XIX

De qué modo debe evitarse ser despreciado y odiado.

Como de entre las cualidades mencionadas ya hablé de las mis importantes, quiero ahora, bajo este título general, referirme brevemente a las otras. Trate el príncipe de huir de las cosas que lo hagan odioso o despreciable, y una vez logrado, habrá cumplido con su deber y no tendrá nada que temer de los otros vicios. Hace odioso, sobre todo, como ya he dicho antes, el ser expoliador y el apoderarse de los bienes y de las mujeres de los súbditos, de todo lo cual convendrá abstenerse. Porque la mayoría de los hombres, mientras no se ven privados de sus bienes y de su honor, viven contentos; y el príncipe queda libre para combatir la ambición de los menos que puede cortar fácilmente y de mil maneras distintas. Hace despreciable el ser considerado voluble, frívolo, afeminado, pusilánime e irresoluto, defectos de los cuales debe alejarse como una nave de un escollo, e ingeniarse para que en sus actos se reconozca grandeza, valentía, seriedad y fuerza. Y con respecto a los asuntos privados de los súbditos, debe procurar que sus fallos sean irrevocables y empeñarse en adquirir tal autoridad que nadie piense en engañarlo ni envolverlo con intrigas.

El príncipe que conquista semejante autoridad es siempre respetado, pues difícilmente se conspira contra quien, por ser respetado, tiene necesariamente ser bueno y querido por los suyos. Y un príncipe debe temer dos cosas: en el interior, que se le subleven los súbditos; en el exterior, que le ataquen. Las potencias extranjeras. De estas se, defenderá con buenas armas y buenas alianzas, y siempre tendrá buenas alianzas el que tenga buenas armas, así como siempre en el interior estarán seguras las cosas cuando lo estén en el exterior, a menos que no hubiesen sido previamente perturbadas por una conspiración. Y aun cuando los enemigos de afuera amenazasen, si ha vivido como he aconsejado y no pierda la presencia de espíritu resistirá todos los ataques, como he aconsejado que hizo el espartano Nabis. En lo que se refiere a los súbditos, y a pesar de que no exista amenaza extranjera alguna, ha de cuidar que no conspiren secretamente; pero de este peligro puede asegurarse evitando que lo odien o lo desprecien y, como ya antes he repetido, empeñándose por todos los medios en tener satisfecho al pueblo. Porque el no ser odiado por el pueblo es uno de los remedios más eficaces de que dispone un príncipe contra las conjuraciones. El conspirador siempre cree que el pueblo quedará contento con la muerte del príncipe, y jamás, si sospecha que se producirá el efecto contrario, se decide a tomar semejante partido, pues son infinitos los peligros que corre el que conspira. La experiencia nos demuestra que hubo muchísimas conspiraciones y que muy pocas tuvieron éxito. Porque el que conspira no puede obrar solo ni buscar la complicidad de los que no cree descontentos; y no hay descontento que no se regocije en cuanto le hayas confesado tus propósitos, porque de la revelación de tu secreto puede esperar toda clase de beneficios; es preciso que, sea muy amigo tuyo o enconado enemigo del príncipe para que, al hallar en una parte ganancias seguras y en la otra dudosas y llenas de peligro, te sea, leal. Y para reducir el problema a, sus últimos términos, declaro que de parte del conspirador solo hay recelos, sospechas y temor al castigo, mientras que el príncipe cuenta con la majestad del principado, con las leyes y con la ayuda de los amigos, de tal manera que, si se ha granjeado la simpatía popular, es imposible que haya alguien que sea tan temerario como para conspirar. Pues si un conspirador está por lo común rodeado de peligros antes de consumar el hecho, lo estará aún más después de ejecutarlo, porque no encontrará amparo en ninguna parte.

Sobre este particular podrían citarse innumerables ejemplos; pero me daré por satisfecho con mencionar uno que pertenece a la época de nuestros padres. Micer Aníbal Bentivoglio, abuelo del actual micer Aníbal, que era príncipe de Bolonia, fue asesinado por los Canneschi, que se había conjurado contra él, no quedando de los suyos más que micer Juan, que era una criatura. Inmediatamente después de semejante crimen so sublevó el pueblo y exterminó a todos los Canneschi. Esto nace de la simpatía, popular que la casa de los Bentivoglio tenía en aquellos tiempos, y que fue tan grande que, no quedando de ella nadie en Bolonia que pudiese, muerto Aníbal, regir el Estado, y habiendo inicios de que en Florencia existía un descendiente de los Bentivoglio, que se consideraba hasta entonces hijo de cerrajero, vinieron los boloñeses en su busca a Florencia y le entregaron el gobierno de aquella ciudad la que fue gobernada por él hasta que micer Juan hubo llegado a una edad adecuada para asumir el mando.

Llego, pues, a la conclusión de que un príncipe, cuando es apreciado por el pueblo, debe cuidarse muy poco de las conspiraciones; pero que debe temer todo y a todos cuando lo tienen por enemigo y es aborrecido por él. Los Estados bien organizados y los príncipes sabios siempre han procurado no exasperar a los nobles y, a la vez, tener satisfecho y contento al pueblo. Es este uno de los puntos a que más debe atender un príncipe.

En la actualidad, entre los reinos bien organizados, cabe nombrar el de Francia, que cuenta con muchas instituciones buenas que están al servicio de la libertad y de la seguridad del rey, de las cuales la primera es el Parlamento. Como el que organizó este reino conocía, por una parte, la ambición y la violencia de los poderosos y la necesidad de tenerlos como de una brida para corregirlos y, por la otra, el odio a los nobles que el temor hacía nacer en el pueblo —temor que había que hacer desaparecer—, dispuso que no fuese cuidado exclusivo del rey esa tarea, para evitarle los inconvenientes que tendría con los nobles si favorecía al pueblo y los que tendría con el pueblo si favorecía a los nobles. Creó entonces un tercer poder que, sin responsabilidades para el rey, castigase a los nobles y beneficiase al pueblo. No podía tomarse medida mejor ni más juiciosa, ni que tanto proveyese a la seguridad del rey y del reino. De donde puede extraerse esta consecuencia digna de mención: que los príncipes deben encomendar a los demás las tareas gravosas y reservarse las agradables. Y vuelvo a repetir que un príncipe debe estimar a los nobles, pero sin hacerse odiar por el pueblo.

Acaso podrá parecer a muchos que el ejemplo de la vida y muerte de ciertos emperadores romanos contradice mis opiniones, porque hubo quienes, a pesar de haberse conducido siempre virtuosamente y de poseer grandes cualidades, perdieron el imperio o, peor aún, fueron asesinados por sus mismos súbditos, conjurados en su contra. Para contestar a estas objeciones examinaré el comportamiento de algunos emperadores y demostraré que las causas de su ruina no difieren de las que he expuesto, y mientras tanto, recordaré los hechos más salientes de la Historia de aquellos tiempos. Me limitaré a tomar a los emperadores que se sucedieron desde Marco el Filósofo hasta Maximino: Marco, su hijo Cómodo, Pertinax, Juliano, Severo, su hijo Antonio Caracalla, Macrino, Heliogábalo, Alejandro y Maximino. Pero antes conviene hacer notar que, mientras los príncipes de hoy solo tienen que luchar contra la ambición de los nobles y la violencia de los pueblos, los emperadores romanos tenían que hacer frente a una tercera dificultad: la codicia y la crueldad de sus soldados, motivo de la ruina de muchos. Porque era difícil dejar a la vez satisfechos a los soldados y al pueblo, pues en tanto que el pueblo amaba la paz y a los príncipes sosegados, las tropas preferían a los príncipes belicosos, violentos, crueles y rapaces, y mucho más si lo eran contra el pueblo, ya que así duplicaban la ganancia y tenían ocasión de deshojar su codicia y su perversidad. Esto explica por qué los emperadores que carecían de autoridad suficiente para contener a unos y a los otros siempre fracasaban; y explica también por qué la mayoría, y sobre todo los que subían al trono por herencia, una vez conocida la imposibilidad de dejar satisfechas a ambas partes, se decidían por los soldados, sin importarles pisotear al pueblo. Era el partido lógico: cuando el príncipe no puede evitar ser odiado por una de las dos partes, debe inclinarse hacia el grupo más numeroso, y cuando esto no es posible, inclinarse hacia el más fuerte. De ahí que los emperadores —que al serlo por razones ajenas al derecho tenían necesidad de apoyos extraordinarios— buscasen contentar a los soldados antes que al pueblo; lo cual, sin embargo, podía resultarles ventajoso o no según que supiesen o no ganarse y conservar su respeto. Por tales motivos, Marco, Pertinax y Alejandro, a pesar de su vida moderada, a pesar de ser amantes de la justicia, enemigos de, la crueldad, humanitarios y benévolos, tuvieron todos, salvo Marco, triste fin. Y Marco vivió y murió amado gracias a que llegó al trono por derecho de herencia, sin debérselo al pueblo ni a los soldados., y a que, como estaba adornado de muchas virtudes que lo hacían venerable, tuvo siempre, mientras vivió, sometidos a unos y a otros a su voluntad, y nunca fue odiado ni despreciado. Pero Pertinax fue hecho emperador contra el parecer de los soldados, que, acostumbrados a vivir en la mayor licencia bajo Cómodo, no podían tolerar la vida virtuosa que aquel pretendía imponerles; y por esto fue odiado. Y como al odio se agregó al desprecio que inspiraba su vejez, pereció en los comienzos mismos de su reinado.

Y aquí se debe señalar que el odio se gana tanto con las buenas acciones como con las perversas, por cuyo motivo, como dije antes, un príncipe que quiere conservar el poder es a menudo forzado a no ser bueno, porque cuando aquel grupo, ya sea pueblo, soldados o nobles, del que tú juzgas tener necesidad para mantenerte, está corrompido, te conviene seguir su capricho para satisfacerlo, pues entonces las buenas acciones serían tus enemigas.

Detengámonos ahora en Alejandro, hombre de tanta bondad que, entre los elogios que se le tributaron, figura el de que en catorce años que reinó no hizo matar a nadie sin juicio previo; pero su fama de persona débil y que se dejaba gobernar por su madre le acarreó el desprecio de los soldados, que se sublevaron y lo mataron.

Por el contrario, Cómodo, Severo, Antonio Caracalla y Maximino fueron ejemplos de crueldad y despotismo llevados al extremo. Para congraciarse con los soldados, no ahorraron ultrajes al pueblo. Y todos, a excepción de Severo, acabaron mal. Severo, aunque oprimió al pueblo, pudo reinar felizmente en mérito al apoyo de los soldados y a sus grandes cualidades, que lo hacían tan admirable a los ojos del pueblo y del ejército que este quedaba reverente y satisfecho, y aquel, atemorizado y estupefacto. Y como sus acciones fueron notables para un príncipe nuevo, quiero explicar brevemente lo bien que supo proceder como zorro y como león, cuyas cualidades, como ya he dicho, deben ser imitadas por todos los príncipes.

Enterado de que el emperador Juliano era un cobarde, Severo convencía al ejército que estaba bajo su mando en Esclavonia de que era necesario ir a Roma para vengar la muerte de Pertinax, a quien los pretorianos habían asesinado. Y con este pretexto, sin dar a conocer sus aspiraciones al imperio, condujo al ejército contra Roma y estuvo en Italia antes que se hubiese tenido noticia de su partida. Una vez en Roma, dio muerte a Juliano; y el Senado, lleno de espanto, lo eligió emperador. Pero para adueñarse del Estado quedaban aún a Severo dos dificultades. la primera en Oriente, donde Níger, jefe de los ejércitos asiáticos, se habla hecho proclamar emperador; la segunda en Occidente, donde se hallaba Albino, quien también tenía pretensiones al imperio. Y como juzgaba peligroso declararse a la vez enemigo de los dos, resolvió atacar a Níger y engañar a Albino, para lo cual escribió a este que, elegido emperador por el Senado, quería compartir el trono con él; le mandó el título de césar y, por acuerdo del Senado, lo convirtió en su colega, distinción que Albino aceptó sin vacilar. Pero una vez que hubo vencido y muerto a Níger, y pacificadas las cosas en Oriente, volvió a Roma y se quejó al Senado de que Albino, olvidándose de los beneficios que le debía, había tratado vilmente de matarlo, por lo cual era preciso que castigara su ingratitud. Fue entonces a buscarlo a las Galias y le quitó la vida y el Estado.

Quien examine, pues, detenidamente las acciones de Severo, verá que fue un feroz león y un zorro muy astuto, y advertirá que todos le temieron y respetaron y que el ejército no lo odió; y no se asombrará de que él, príncipe nuevo, haya podido ser amo de un imperio tan vasto, porque su ilimitada autoridad lo protegió siempre del odio que sus depredaciones podían haber hecho nacer en el pueblo.

Pero Antonino, su hijo, también fue hombre, de cualidades que lo hacían admirable en el concepto del pueblo y grato en el de los soldados. Varón de genio guerrero, durísimo a la fatiga, enemigo de la molicie y de los placeres de la mesa, no podía menos de ser querido por todos los soldados. Sin embargo, su ferocidad era tan grande e inaudita que, después de innumerables asesinatos aislados, exterminó a gran parte del pueblo de Roma y a todo el de Alejandría. Por este motivo se hizo odioso a todo el mundo, empezó a ser temido por los mismos que lo rodeaban y a la postre fue muerto por un centurión en presencia de todo el ejército. Conviene notar al respecto no está en manos de ningún príncipe evitar esta clase de atentados, producto de la firme decisión de un hombre de carácter, porque al que no le importa morir no le asusta quitar la vida a otro., pero no los tema el príncipe, pues son rarísimos, y preocúpese, en cambio, por no inferir ofensas graves a nadie que esté junto a él para el servicio del Estado. Es lo que no hizo Antonino, ya que, a pesar de haber asesinado en forma ignominiosa a un hermano del centurión, y de amenazar a este diariamente con lo mismo, lo conservaba en su guardia particular: tranquilidad temeraria que tenía que traerle la muerte, y se la trajo.

Pasemos a Cómodo, a quien, por ser hijo de Marco y haber recibido el imperio en herencia, fácil le hubiera sido conservarlo, dado que con solo seguir las huellas de su padre hubiese tenido satisfecho a pueblo y ejército. Pero fue un hombre cruel y brutal que, para desahogar su ansia de rapiña contra el pueblo, trató de captarse la benevolencia de las tropas permitiéndoles toda clase de licencias; por otra parte, olvidado de la dignidad que investía, bajo muchas veces a la arena para combatir con los gladiadores y cometió vilezas incompatibles con la majestad imperial, con lo cual se acarreó el desprecio de los soldados. De modo que, odiado por un grupo y aborrecido por el otro, fue asesinado a consecuencia de una conspiración.

Nos quedan por examinar las cualidades de Maximino. Fastidiadas las tropas por la inactividad de Alejandro, de quien ya he hablado, elevaron al imperio, una vez muerto este, a Maximiano, hombre de espíritu extraordinariamente belicoso, que no se conservó en el poder mucho tiempo porque hubo dos cosas que lo hicieron odioso y despreciable: la primera, su baja condición, pues nadie ignoraba que había sido pastor en Tracia, y esto producía universal disgusto; la otra, su fama de sanguinario; había diferido su marcha a Roma para tomar posesión del mando, y en el intervalo, había cometido, en Roma y en todas partes del imperio, por intermedio de sus prefectos, un sin fin de depredaciones. Menospreciado por la bajeza de su origen y odiado por el temor a su ferocidad, era natural que todo el mundo se sintiese inquieto y, en consecuencia, que el África se rebelase y que el Senado y luego el pueblo de Roma y toda Italia conspirasen contra él. Su propio ejército, mientras sitiaba a Aquilea sin poder tomarla, cansado de sus crueldades y temiéndolo menos al verlo rodeado de tantos enemigos, se plegó al movimiento y lo mató.

No quiero referirme a Heliogábalo, Macrino y Juliano que, por ser harto despreciables, tuvieron pronto fin, y atenderé a las conclusiones de este discurso. Los príncipes actuales no se encuentran ante la dificultad de tener que satisfacer en forma desmedida a los soldados; pues aunque haya que tratarlos con consideración, el caso es menos grave dado que estos príncipes no tienen ejércitos propios, vinculados estrechamente con los gobiernos y las administraciones provinciales, como estaban los ejércitos del Imperio Romano. Y si entonces había que inclinarse a satisfacer a los soldados antes que al pueblo, se explica, porque los soldados eran más poderosos que el pueblo; mientras que ahora todos los príncipes, salvo el Turco y el Sultán. Tienen que satisfacer antes al pueblo que a los soldados, porque aquel puede más que estos. Excepto al Turco, que, por estar siempre rodeado por doce mil infantes y quince mil jinetes, de los cuales dependen la seguridad y la fuerza del reino, necesita posponer toda otra preocupación a la de conservar la amistad de las tropas. Del mismo modo, conviene que el Sultán, cuyo reino está por completo en manos del ejército, conserve las simpatías de este sin tener consideraciones para con el pueblo. Y adviertase que este Estado del Sultán es muy distinto de todos los principados y solo parecido al pontificado cristiano, al que no puede llamársele principado hereditario ni principado nuevo, porque no son los hijos del príncipe viejo los herederos y futuros príncipes, sino el elegido para ese puesto por los que tienen autoridad.. Y como se trata de una institución antigua, no le corresponde el nombre de principado nuevo, aparte de que no se encuentran en él los obstáculos que existen en los nuevos, pues si bien el príncipe es nuevo, la constitución del Estado es antigua y el gobernante recibido como quien lo es por derecho hereditario.

Pero volvamos a nuestro asunto. Cualquiera que meditase este discurso hallaría que la causa de la ruina de los emperadores citados ha sido el odio o el desprecio, y descubriría a qué se debe que, mientras parte de ellos procedieron de un modo y parte de otro, en ambos modos hubo dichosos y desgraciados. Pertinax y Alejandro fracasaron porque, siendo príncipes nuevos, quisieron imitar a Marco, que había llegado al imperio por derecho de sucesión; y lo mismo le sucedió a Caracalla, Cómodo y Maximino al intentar seguir las huellas de Severo cuando carecían de sus cualidades. Se concluye de esto que un príncipe nuevo en un principado nuevo no puede imitar la conducta de Marco ni tampoco seguir los pasos de Severo, sino que debe tomar de este las cualidades necesarias para fundar un Estado, y, una vez establecido y firme, las cualidades de aquel que mejor tiendan a conservarlo.

Capítulo XX

Si las fortalezas, y muchas otras cosas que los príncipes hacen con frecuencia son útiles o no.

Hubo príncipes que, para conservar sin inquietudes el Estado, desarmaron a sus súbditos; príncipes que dividieron los territorios conquistados; príncipes que favorecieron a sus mismos enemigos; príncipes que se esforzaron por atraerse a aquellos que les inspiraban recelos al comienzo de su gobierno; príncipes, en fin, que construyeron fortalezas, y príncipes que las arrasaron. Y aunque sobre todas estas cosas no se pueda dictar sentencia sin conocer las características del Estado donde habría de tomarse semejante resolución, hablaré, sin embargo, del modo más amplio que la materia permita.

Nunca sucedió que un príncipe nuevo desarmase a sus súbditos; por el contrario, los armó cada vez que los encontró desarmados. De este modo, las armas del pueblo se convirtieron en las del príncipe, los que recelaban se hicieron fieles, los fieles continuaron siéndolo y los súbditos se hicieron partidarios. Pero como no es posible armar a todos los súbditos, resultan favorecidos aquellos a quienes el príncipe arma, y se puede vivir más tranquilo con respecto a los demás; por esta distinción, de que se reconocen deudores al príncipe, los primeros se consideran más obligados a él, y los otros lo disculpan comprendiendo que es preciso que gocen de más beneficios los que tienen más deberes y se exponen a más peligros. Pero cuando se los desarma, se empieza por ofenderlos, puesto que se les demuestra que, por cobardía o desconfianza, se tiene poca fe en su lealtad; y cualquiera de estas dos opiniones engendra odio contra el príncipe. Y como el príncipe no puede quedar desarmado, es forzoso que recurra a las milicias mercenarias, de cuyos defectos ya he hablado; pero aun cuando solo tuviesen virtudes, no pueden ser tantas como para defenderlo de los enemigos poderosos y de los súbditos descontentos. Por eso, como he dicho, un príncipe nuevo en un principado nuevo no ha dejado nunca de organizar su ejército según lo prueban los ejemplos de que está llena la Historia. Ahora bien: cuando un príncipe adquiera un Estado nuevo que añade al que ya poseía, entonces sí que conviene que desarme a sus nuevos súbditos, excepción hecha de aquellos que se declararon partidarios suyos durante la conquista; y aun a estos, con el transcurso del tiempo y aprovechando las ocasiones que se le brinden, es preciso debilitarlos y reducirlos a la inactividad y arreglarse de modo que el ejército del Estado se componga de los soldados que rodeaban al príncipe en el Estado antiguo.

Nuestros antepasados, y particularmente los que tenían fama de sabios, solían decir que para conservar a Pistoya bastaban las disensiones, y para conservar a Pisa, las fortalezas; por tal motivo, y para gobernarlas más fácilmente, fomentaban la discordia en las tierras sometidas, medida muy lógica en una época en que las fuerzas de Italia estaban equilibradas., pero no me parece que pueda darse hoy por precepto, porque no creo que las divisiones traigan beneficio alguno; al contrario, juzgo inevitable que las ciudades enemigas se pierdan en cuanto el enemigo se aproxime, pues siempre el partido más débil se unirá a las fuerzas externas, y el otro no podrá resistir.

Movidos por estas razones, según creo, los venecianos fomentaban en las ciudades conquistadas la creación de guelfos y gibelinos., y aunque no los dejaban llegar al derramamiento de sangre, alimentaban, sin embargo, estas discordias entre ellos, a fin de que, ocupados en sus diferencias, no se uniesen contra el enemigo común. Pero, como hemos visto, este proceder se volvió en su contra. pues, derrotados en Vailá, uno de los partidos cobró valor y les arrebató todo el Estado. Semejantes recursos inducen a sospechar la existencia de alguna debilidad en el príncipe, porque un príncipe fuerte jamás tolerará tales divisiones, que podrán serle útiles en tiempos de paz, cuando, gracias a ellas, manejará más fácilmente a sus súbditos, pero que mostrarán su ineficacia en cuando sobrevenga la guerra.

Indudablemente, los príncipes son grandes cuando superan las dificultades y la oposición que se les hace. Por esta razón, y sobre todo cuando quiere hacer grande a un príncipe nuevo, a quien le es más necesario adquirir fama que a uno hereditario, la fortuna le suscita enemigos y guerras en su contra para darle oportunidad de que las supere y pueda, sirviéndose de la escala que los enemigos le han traído, elevarse a mayor altura. Y hasta hay quienes afirman que un príncipe hábil debe fomentar con astucia ciertas resistencia para que, al aplastarlas, se acreciente su gloria.

Los príncipes, sobre todo los nuevos, han hallado más consecuencia y más utilidad en aquellos que al principio de su gobierno les eran sospechosos que en aquellos en quienes confiaban. Pandolfo Petrucci, príncipe de Siena, gobernaba su Estado más con los que le habían sido sospechosos que con los otros. Pero de este punto no se pueden extraer conclusiones generales porque varían según el caso. Solo diré esto: que los hombres que al principio de un reinado han sido enemigos, si su carácter es tal que para continuar la lucha necesitan apoyo ajeno, el príncipe podrá siempre y muy fácilmente conquistarlos a su causa; y lo servirán con tanta más fidelidad cuanto que saben que les es preciso borrar con buenas obras la mala opinión en que se los tenía; y así el príncipe saca de ellos más provecho que de los que, por serle demasiado fieles, descuidan sus obligaciones.

Y puesto que el tema lo exige, no dejaré de recordar al príncipe que adquiera un Estado nuevo mediante la ayuda de los ciudadanos que examine bien el motivo que impulsó a estos a favorecerlo, porque si no se trata de afecto natural, sino de descontento con la situación anterior del Estado, difícil y fatigosamente podrá conservar su amistad, pues tampoco él podrá contentarlos. Con los ejemplos que los hechos antiguos y modernos proporcionan, medítese serenamente en la razón de todo esto, y se verá que es más fácil conquistar la amistad de los enemigos, que lo son porque estaban satisfechos con el gobierno anterior, que la de los que, por estar descontentos, se hicieron amigos del nuevo príncipe y lo ayudaron a conquistar el Estado.

Los príncipes, para conservarse más seguramente en el poder, acostumbraron construir fortalezas que fuesen rienda y freno para quienes se atreviesen a obrar en su contra, y refugio seguro para ellos en caso de un ataque imprevisto. Alabo esta costumbre de los antiguos. Pero repárese en que en estos tiempos se ha visto a Nicolás Vitelli arrasar dos fortalezas en Cittá di Castello para conservar la plaza. Guido Ubaldo, duque de Urbino, al volver a sus Estados de donde lo arrojó César Borgia, destruyó hasta los cimientos todas las fortalezas de aquella provincia, convencido de que sin ellas sería más difícil arrebatarle el Estado. Lo mismo hicieron los Bentivoglio al volver a Bolonia. Por consiguiente, las fortalezas pueden ser útiles o no según los casos, pues si en unas ocasiones favorecen, en otras perjudican. Podría resolverse la cuestión de esta manera: el príncipe que teme más al pueblo que a los extranjeros debe construir fortalezas; pero el que teme más a los extranjeros que al pueblo debe pasarse sin ellas. El castillo levantado por Francisco Sforza en Milán ha traído y traerá más sinsabores a la casa Sforza que todas las revueltas que se produzcan en el Estado. Pero, en definitiva, no hay mejor fortaleza que el no ser odiado por el pueblo, porque si el pueblo aborrece al príncipe, no lo salvarán todas las fortalezas que posea, pues nunca faltan al pueblo, una vez que ha empuñado las armas, extranjeros que lo socorran.

En nuestros tiempos no se ha visto que hayan favorecido a ningún príncipe, salvo a la condesa de Forli, después de la muerte del conde Jerónimo, su marido; porque gracias a ellas pudo escapar al furor popular, esperar el socorro de Milán y recuperar el Estado. Pero entonces las circunstancias eran tales que los extranjeros no podían auxiliar al pueblo. Y después su fortaleza de nada le sirvió, cuando César Borgia la asaltó y el pueblo se plegó a él por odio a la condesa. Por lo tanto, mucho más seguro le hubiera sido, entonces y siempre, no ser odiada por el pueblo que tener fortalezas.

Consideradas, pues, estas cosas, elogiaré tanto a quien construya fortalezas como a quien no las construya, pero censuraré a todo el que, confiando en las fortalezas, tenga en poco el ser odiado por el pueblo.

Capítulo XXI

Como debe comportarse un príncipe para ser estimado.

Nada hace tan estimable a un príncipe como las grandes empresas y el ejemplo de raras virtudes. Prueba de ello es Fernando de Aragón, actual rey de España, a quien casi puede llamarse príncipe nuevo, pues de rey sin importancia se ha convertido en el primer monarca de la cristiandad. Sus obras, como puede comprobarlo quien las examine, han sido todas grandes, y algunas extraordinarias. En los comienzos de su reinado tomó por asalto a Granada, punto de partida de sus conquistas. Hizo la guerra cuando estaba en paz con los vecinos, y, sabiendo que nadie se opondría, distrajo con ella la atención de los nobles de Castilla, que, pensando en esa guerra, no pensaban en cambios políticos, y por este medio adquirió autoridad y reputación sobre ellos y sin que ellos se diesen cuenta. Con dinero del pueblo y de la Iglesia pudo mantener sus ejércitos, a los que templó en aquella larga guerra y que tanto lo honraron después. Más tarde, para poder iniciar empresas de mayor envergadura, se entregó, sirviéndose siempre de la iglesia, a una piadosa persecución y despojó y expulsó de su reino a los «marranos». No puede haber ejemplo más admirable y maravilloso. Con el mismo pretexto invadió el áfrica, llevó a cabo la campaña de Italia y últimamente atacó a Francia, porque siempre meditó y realizó hazañas extraordinarias que provocaron el constante estupor de los súbditos y mantuvieron su pensamiento ocupado por entero en el éxito de sus aventuras. Y estas acciones suyas nacieron de tal modo una tras otra que no dio tiempo a los hombres para poder preparar con tranquilidad algo en su perjuicio.

También concurre en beneficio del príncipe el hallar medidas sorprendentes en lo que se refiere a la administración, como se cuenta que las hallaba Bernabó de Milán. Y cuando cualquier súbdito hace algo notable, bueno o malo, en la vida civil, hay que descubrir un modo de recompensarlo o castigarlo que dé amplio tema de conversación a la gente. Y, por encima de todo, el príncipe debe ingeniarse por parecer grande e ilustre en cada uno de sus actos.

Asimismo se estima al príncipe capaz de ser amigo o enemigo franco, es decir, al que, sin temores de ninguna índole, sabe declararse abiertamente en favor de uno y en contra de otro. El abrazar un partido es siempre más conveniente que el permanecer neutral. Porque si dos vecinos poderosos se declaran la guerra, el príncipe puede encontrarse en uno de esos casos: que, por ser adversarios fuertes, tenga que temer a cualquier cosa de los dos que gane la guerra, o que no; en uno o en otro caso siempre le será más útil decidirse por una de las partes y hacer la guerra. Pues, en el primer caso, si no se define, será presa del vencedor, con placer y satisfacción del vencido; y no hallará compasión en aquel ni asilo en este, porque el que vence no quiere amigos sospechosos y que no le ayuden en la adversidad, y el que pierde no puede ofrecer ayuda a quien no quiso empuñar las armas y arriesgarse en su favor.

Antíoco, llamado a Grecia por los etoilos para arrojar de allí a los romanos, mandó embajadores a los acayos, que eran amigos de los romanos, para convencerlos de que permaneciesen neutrales. Los romanos por el contrario, les pedían que tomaran armas a su favor. Se debatió el asunto en el consejo de los acayos, y cuando el enviado de Antíoco solicitó neutralidad, el representante romano replicó: «Quod autem isti dicunt non interponendi vos bello, nihil magis alienum rebus vestris est, sine gratia, sine dignitate, praemium victoris eritis».

Y siempre verás que aquel que no es tu amigo te exigirá la neutralidad, y aquel que es amigo tuyo te exigirá que demuestres tus sentimientos con las armas. Los príncipes irresolutos, para evitar los peligros presentes, siguen la más de las veces el camino de la neutralidad, y las más de las veces fracasan. Pero cuando el príncipe se declara valientemente por una de las partes, si triunfa aquella a la que se une, aunque sea poderosa y él quede a su discreción, estarán unidos por un vínculo de reconocimiento y de afecto; y los hombres nunca son tan malvados que dando prueba de tamaña ingratitud, lo sojuzguen. Al margen de esto, las victorias nunca son tan decisivas como para que el vencedor no tenga que guardar algún miramiento, sobre todo con respecto a la justicia. Y si el aliado pierde, el príncipe será amparado, ayudado por él en la medida de lo posible y se hará compañero de una fortuna que puede resurgir. En el segundo caso, cuando los que combaten entre sí no pueden inspirar ningún temor, mayor es, la necesidad de definirse, pues no hacerlo significa la ruina de uno de ellos, al que el príncipe, si fuese prudente, debería salvar, porque si vence queda a su discreción, y es imposible que con su ayuda no venza.

Conviene advertir que un príncipe nunca debe aliarse con otro más poderoso para atacar a terceros, sino, de acuerdo con lo dicho, cuando las circunstancias lo obligan, porque si venciera queda en su poder, y los príncipes deben hacer lo posible por no quedar a disposición de otros. Los venecianos, que, pudiendo abstenerse de intervenir, se aliaron con los franceses contra el duque de Milán, labraron su propia ruina. Pero cuando no se puede evitar, como sucedió a los florentinos en oportunidad del ataque de los ejércitos del papa y de España contra la Lombardía, entonces, y por las mismas razones expuestas, el príncipe debe someterse a los acontecimientos. Y que no se crea que los Estados pueden inclinarse siempre por partidos seguros; por el contrario, piénsese que todos son dudosos; porque acontece en el orden de las cosas que, cuando se quiere evitar un inconveniente, se incurre en otro. Pero la prudencia estriba en saber conocer la naturaleza de los inconvenientes y aceptar el menos malo por bueno.

El príncipe también se mostrará amante de la virtud y honrará a los que se distingan en las artes. Asimismo, dará seguridades a los ciudadanos para que puedan dedicarse tranquilamente a sus profesiones, al comercio, a la agricultura y a cualquier otra actividad; y que unos no se abstengan de embellecer sus posesiones por temor a que se las quiten, y otros de abrir una tienda por miedo a los impuestos. Lejos de esto, instituirá premios para recompensar a quienes lo hagan y a quienes traten, por cualquier medio, de engrandecer la ciudad o el Estado. Todas las ciudades están divididas en gremios o corporaciones a las cuales conviene que el príncipe conceda su atención. Reúnase de vez en vez con ellos y dé pruebas de sencillez y generosidad, sin olvidarse, no obstante, de la dignidad que inviste, que no debe faltarle en, ninguna ocasión.

Capítulo XXII

De los secretarios del príncipe.

No es punto carente de importancia la elección de los ministros, que será buena o mala según la cordura del príncipe. La primera opinión que se tiene del juicio de un príncipe se funda en los hombres que lo rodean: si son capaces y fieles, podrá reputárselo por sabio, pues supo hallarlos capaces y mantenerlos fieles; pero cuando no lo son, no podrá considerarse prudente a un príncipe que el primer error que comete lo comete en esta elección.

No había nadie que, al saber que Antonio da Venafro era ministro de Pandolfo Petrucci, príncipe de Siena, no juzgase hombre muy inteligente a Pandolfo por tener por ministro a quien tenía. Pues hay tres clases de cerebros: el primero discierne por sí; el segundo entiende lo que los otros disciernen, y el tercero no discierne ni entiende lo que los otros disciernen. El primero es excelente, el segundo bueno y el tercero inútil. Era, pues, absolutamente indispensable que, si Pandolfo no se hallaba en el primer caso, se hallase en el segundo. Porque con tal que un príncipe tenga el suficiente discernimiento para darse cuenta de lo bueno o malo que hace y dice, reconocerá, aunque de por sí no las descubra, cuáles son las obras buenas y cuáles las malas de un ministro, y podrá corregir estas y elogiar las otras; y el ministro, que no podrá confiar en engañarlo, se conservará honesto y fiel.

Para conocer a un ministro hay un modo que no falla nunca. Cuando se ve que un ministro piensa más en él que en uno y que en todo no busca sino su provecho, estamos en presencia de un ministro que nunca será bueno y en quien el príncipe nunca podrá confiar. Porque el que tiene en sus manos el Estado de otro jamás debe pensar en sí mismo, sino en el príncipe, y no recordarle sino las cosas que pertenezcan a él. Por su parte, el príncipe, para mantenerlo constante en su fidelidad, debe pensar en el ministro. Debe honrarlo, enriquecerlo y colmarlo de cargos, de manera que comprenda que no puede estar sin él, y que los muchos honores no le hagan desear más honores, las muchas riquezas no le hagan ansiar más riquezas y los muchos cargos le hagan temer los cambios políticos. Cuando los ministros, y los príncipes con respecto a los ministros, proceden así, pueden confiar unos en otros; pero cuando proceden de otro modo, las consecuencias son perjudiciales tanto para unos como para otros.

Capítulo XXIII

Cómo huir de los aduladores.

No quiero pasar por alto un asunto importante, y es la falta en que con facilidad caen los príncipes si no son muy prudentes o no saben elegir bien. Me refiero a los aduladores, que abundan en todas las cortes. Porque los hombres se complacen tanto en sus propias obras, de tal modo se engañan, que no atinan a defenderse de aquella calamidad; y cuando quieren defenderse, se exponen al peligro de hacerse despreciables. Pues no hay otra manera de evitar la adulación que el hacer comprender a los hombres que no ofenden al decir la verdad; y resulta que, cuando todos pueden decir la verdad, faltan al respeto. Por lo tanto, un príncipe prudente debe preferir un tercer modo: rodearse de los hombres de buen juicio de su Estado, únicos a los que dará libertad para decirle la verdad, aunque en las cosas sobre las cuales sean interrogados y solo en ellas. Pero debe interrogarlos sobre todos los tópicos, escuchar sus opiniones con paciencia y después resolver por si y a su albedrío. Y con estos consejeros comportarse de tal manera que nadie ignore que será tanto más estimado cuanto más libremente hable. Fuera de ellos, no escuchar a ningún otro, poner en seguida en práctica lo resuelto y ser obstinado en su cumplimiento. Quien no procede así se pierde por culpa de los aduladores o, si cambia a menudo de parecer, es tenido en menos.

Quiero a este propósito citar un ejemplo moderno, Fray Lucas Rinaldi, embajador ante el actual emperador Maximiliano, decía, hablando de Su Majestad, que no pedía consejos a nadie y que, sin embargo, nunca hacía lo que quería. Y esto precisamente por proceder en forma contraria a la aconsejada. Porque el emperador es un hombre reservado que no comunica a nadie sus pensamientos ni pide pareceres; pero como, al querer ponerlos en práctica, empiezan a conocerse y descubrirse, y los que los rodean opinan en contra, fácilmente desiste de ellos. De donde resulta que lo que hace hoy lo deshace mañana, que no se entiende nunca lo que desea o intenta hacer y que no se puede confiar en sus determinaciones.

Por este motivo, un príncipe debe pedir consejo siempre, pero cuando él lo considere conveniente y no cuando lo consideren conveniente los demás, por lo cual debe evitar que nadie emita pareceres mientras no sea interrogado. Debe preguntar a menudo, escuchar con paciencia la verdad acerca de las cosas sobre las cuales ha interrogado y ofenderse cuando entera de que alguien no se la ha dicho por temor. Se engañan los que creen que un príncipe es juzgado sensato gracias a los buenos consejeros que tiene en derredor y no gracias a sus propias cualidades. Porque esta es una regla general que no falla nunca un príncipe que no es sabio no puede ser bien aconsejado y, por ende, no puede gobernar, a menos que se ponga bajo la tutela de un hombre muy prudente que lo guíe en todo. Y aun en este caso, duraría poco en el poder, pues el ministro no tardaría en despojarlo del Estado. Y si pide consejo a más de uno, los consejos serán siempre distintos, y un príncipe que no sea sabio no podrá conciliarlos. Cada uno de los consejeros pensará en lo suyo, y él no podrá saberlo ni corregirlo. Y es imposible hallar otra clase de consejeros, porque los hombres se comportarán siempre mal mientras la necesidad no los obligue a lo contrario. De esto se concluye que es conveniente que los buenos consejos, vengan de quien vinieren, nazcan de la prudencia del príncipe y no la prudencia del príncipe de los buenos consejos.

Capítulo XXIV

Por qué los príncipes de Italia perdieron sus estados.

Las reglas que acabo de exponer, llevadas a la práctica con prudencia, hacen parecer antiguo a un príncipe nuevo y lo consolidan y afianzan en seguida en el Estado como si fuese un príncipe hereditario. Por la razón de que se observa mucho más celosamente la conducta de un príncipe nuevo que la de uno hereditario, si los hombres la encuentran virtuosa, se sienten más agradecidos y se apegan más a él que a uno de linaje antiguo. Porque los hombres se ganan mucho mejor con las cosas presentes que con las pasadas, y cuando en las presentes hallan provecho, las gozan sin inquirir nada; y mientras el príncipe no se desmerezca en las otras cosas, estarán siempre dispuestos a defenderlo. Así, el príncipe tendrá la doble gloria de haber creado un principado nuevo y de haberlo mejorado y fortificado con buenas leyes, buenas armas, buenos amigos y buenos ejemplos. Del mismo modo que será doble la deshonra del que, habiendo nacido príncipe, pierde el trono por su falta de prudencia.

Si se examina el comportamiento de los príncipes de Italia que en nuestros tiempos perdieron sus Estados, como el rey de Nápoles, el duque de Milán y algunos otros, se advertirá, en primer lugar, en lo que se refiere a las armas, una falta común a todos: la de haberse apartado de las reglas antes expuestas. Después se verá que unos tuvieron al pueblo por enemigo, y que el que lo tuvo por amigo no supo asegurarse de los nobles. Porque sin estas faltas no se pierden los Estados que tienen recursos suficientes para permitir levantar un ejército de campaña.

Filipo de Macedonia, no el padre de Alejandro, sino el que fue vencido por Tito Quincio, disponía de un ejército reducido en comparación con el de los griegos y los romanos, que lo atacaron juntos; sin embargo, como era guerrero y había sabido congraciarse con el pueblo y contener a los nobles, pudo resistir una lucha de muchos años; y si al fin perdió algunas ciudades, conservó, en cambio el reino.

Por consiguiente, estos príncipes nuestros que ocupaban el poder desde hacía muchos años no acusen a la fortuna por haberlo perdido, sino a su ineptitud. Como en épocas de paz nunca pensaron que podrían cambiar las cosas (es defecto común de los hombres no preocuparse por la tempestad durante la bonanza), cuando se presentaron tiempos adversos, atinaron a huir y no a defenderse, y esperaron que el pueblo, cansado de los ultrajes de los vencedores, volviese a llamarlos. Partido que es bueno cuando no hay otros; pero está muy mal dejar los otros por ese, pues no debernos dejarnos caer por el simple hecho de creer que habrá alguien que nos recoja. Porque no lo hay; y si lo hay y acude, no es para salvación nuestra, dado que la defensa ha sido indigna y no ha dependido de nosotros. Y las únicas defensas buenas, seguras y durables son las que dependen de uno mismo y de sus virtudes.

Capítulo XXV

Del poder de la fortuna de las cosas
humanas y de los medios para oponérsele.

No ignoro que muchos creen y han creído que las cosas del mundo están regidas por la fortuna y por Dios, de tal modo que los hombres más prudentes no pueden modificarlas; y, más aún, que no tienen remedio alguno contra ellas. De lo cual podrían deducir que no vale la pena fatigarse mucho en las cosas, y que es mejor dejarse gobernar por la suerte. Esta opinión ha gozado de mayor crédito en nuestros tiempos por los cambios extraordinarios, fuera de toda conjetura humana, que se han visto y se ven todos los días.

Y yo, pensando alguna vez en ello, me he sentido algo inclinado a compartir el mismo parecer. Sin embargo, y a fin de que no se desvanezca nuestro libre albedrío, acepto por cierto que la fortuna sea juez de la mitad de nuestras acciones, pero que nos deja gobernar la otra mitad, o poco menos. Y la comparo con uno de esos ríos antiguos que cuando se embravecen, inundan las llanuras, derriban los árboles y las casas y arrastran la tierra de un sitio para llevarla a otro; todo el mundo huye delante de ellos, todo el mundo cede a su furor. Y aunque esto sea inevitable, no obsta para que los hombres, en las épocas en que no hay nada que temer, tomen sus precauciones con diques y reparos, de manera que si el río crece otra vez, o tenga que deslizarse por un canal o su fuerza no sea tan desenfrenada ni tan perjudicial. Así sucede con la fortuna, que se manifiesta con todo su poder allí donde no hay virtud preparada para resistirle y dirige sus ímpetus allí donde sabe que no se han hecho diques ni reparos para contenerla. Y si ahora contemplamos a Italia, teatro de estos cambios y punto que los ha engendrado, veremos que es una llanura sin diques ni reparos de ninguna clase; y que si hubiese estado defendida por la virtud necesaria, como lo están Alemania, España y Francia, o esta inundación no habría provocado las grandes transformaciones que ha provocado, o no se habría producido. Y que lo dicho sea suficiente sobre la necesidad general de oponerse a la fortuna.

Pero ciñéndome más a los detalles me pregunto por qué un príncipe que hoy vive en la prosperidad, mañana se encuentra en la desgracia, sin que se haya operado ningún cambio en su carácter ni en su conducta. A mi juicio, esto se debe, en primer lugar, a las razones que expuse con detenimiento en otra parte, es decir, a que el príncipe que confía ciegamente en la fortuna perece en cuanto en cuanto ella cambia. Creo también que es feliz el que concilia su manera de obrar con la índole de las circunstancias, y que del mismo modo es desdichado el que no logra armonizar una cosa con la otra. Pues se ve que los hombres, para llegar al fin que se proponen, esto es, a la gloria y las riquezas, proceden en forma distinta: uno con cautela, el otro con ímpetu; uno por la violencia, el otro por la astucia; uno con paciencia, el otro con su contrario; y todos pueden triunfar por medios tan dispares. Se observa también que, de dos hombres cautos, el uno consigue su propósito y el otro no, y que tienen igual fortuna dos que han seguido caminos encontrados, procediendo el uno con cautela y el otro con ímpetu: lo cual no se debe sino a la índole de las circunstancias, que concilia o no con la forma de comportarse. De aquí resulta lo que he dicho: que dos que actúan de distinta manera obtienen el mismo resultado; y que de dos que actúan de igual manera, uno alcanza su objeto y el otro no. De esto depende asimismo el éxito, pues si las circunstancias y los acontecimientos se presentan de tal modo que el príncipe que es cauto y paciente se ve favorecido, su gobierno será bueno y él será feliz; mas si cambian, está perdido, porque no cambia al mismo tiempo su proceder. Pero no existe hombre lo suficientemente dúctil como para adaptarse a todas las circunstancias, ya porque no puede desviarse de aquello a lo que la naturaleza lo inclina, ya porque no puede resignarse a abandonar un camino que siempre le ha sido próspero. El hombre cauto fracasa cada vez que es preciso ser impetuoso. Que si cambiase de conducta junto con las circunstancias, no cambiaría su fortuna.

El papa Julio II se condujo impetuosamente en todas sus acciones, y las circunstancias se presentaron tan de acuerdo con su modo de obrar que siempre tuvo éxito. Considérese su primera empresa contra Bolonia, cuando aún vivía Juan Bentivoglio. Los venecianos lo veían con desagrado, y el rey de España deliberaba con el de Francia sobre las medidas por tomar; pero Julio II, llevado por su ardor y su ímpetu, inició la expedición poniéndose él mismo al frente de las tropas. Semejante paso dejó suspensos a España y a los venecianos; y estos por miedo, y aquella con la esperanza de recobrar todo el reino de Nápoles, no se movieron; por otra parte, el rey de Francia se puso de su lado, pues al ver que Julio II había iniciado la campaña, y como quería ganarse su amistad para humillar a los venecianos, juzgó no poder negarle sus tropas sin ofenderlo en forma manifiesta. Así, pues, Julio II, con su impetuoso ataque, hizo lo que ningún pontífice hubiera logrado con toda la prudencia humana; porque si él hubiera esperado para partir de Roma a tener todas las precauciones tomadas y ultimados todos los detalles, como cualquier otro pontífice hubiese hecho, jamás habría triunfado, porque el rey de Francia hubiera tenido mil pretextos y los otros amenazado con mil represalias. Prefiero pasar por alto sus demás acciones, todas iguales a aquella y todas premiadas por el éxito, pues la brevedad de su vida no le permitió conocer lo contrario. Que, a sobrevenir circunstancias en las que fuera preciso conducirse con prudencia, corriera a su ruina, pues nunca se hubiese apartado de aquel modo de obrar al cual lo inclinaba su naturaleza.

Se concluye entonces que, como la fortuna varía y los hombres se obstinan en proceder de un mismo modo, serán felices mientras vayan de acuerdo con la suerte e infelices cuando estén en desacuerdo con ella. Sin embargo, considero que es preferible ser impetuoso y no cauto, porque la fortuna es mujer y se hace preciso, si se la quiere tener sumisa, golpearla y zaherirla. Y se ve que se deja dominar por estos antes que por los que actúan con tibieza. Y, como mujer, es amiga de los jóvenes, porque son menos prudentes y más fogosos y se imponen con más audacia.

Capítulo XXVI

Exhortación a liberar a Italia de los bárbaros.

Después de meditar en todo lo expuesto, me preguntaba si en Italia, en la actualidad, las circunstancias son propicias para que un nuevo príncipe pueda adquirir gloría, esto es necesario a un hombre prudente y virtuoso para instaurar una nueva forma de gobierno, por la cual, honrándose a sí mismo, hiciera la felicidad de los italianos. Y no puede menos que responderme que eran tantas las circunstancias que concurrían en favor de un príncipe nuevo, que difícilmente podría hallarse momento más adecuado. Y si, como he dicho, fue preciso para que Moisés pusiera de manifiesto sus virtudes que el pueblo de Israel estuviese esclavizado en Egipto, y para conocer la grandeza de Ciro que los persas fuesen oprimidos por los medas, y la excelencia de Teseo que los atenienses se dispersaran, del mismo modo, para conocer la virtud de un espíritu italiano, era necesario que Italia se viese llevada al extremo en que yace hoy, y que estuviese más esclavizada que los hebreos, más oprimida que los persas y más desorganizada que los atenienses; que careciera de jefe y de leyes, que se viera castigada, despojada, escarnecida e invadida, y que soportara toda clase de vejaciones. Y aunque hasta ahora se haya notado en este o en aquel hombre algún destello de genio como para creer que había sido enviado por Dios para redimir estas tierras, no tardó en advertirse que la fortuna lo abandonaba en lo más alto de su carrera. De modo que, casi sin un soplo de vida, espera Italia al que debe curarla de sus heridas, poner fin a los saqueos de Lombardia y a las contribuciones del Reame y de Toscana y cauterizar sus llagas desde tanto tiempo gangrenadas.

Vedla cómo ruega a Dios que le envíe a alguien que la redima de esa crueldad e insolencia de los bárbaros. Vedla pronta y dispuesta a seguir una bandera mientras haya quien la empuña. Y no se ve en la actualidad en quien uno pueda confiar más que en vuestra ilustre casa, para que con su fortuna y virtud, preferida de Dios y de la Iglesia, de la cual es ahora príncipe, pueda hacerse jefe de esta redención. Y esto no os parecerá difícil si tenéis presentes la vida y acciones de los príncipes mencionados. Y aunque aquellos fueron hombres raros y maravillosos, no dejaron de ser hombres; y no tuvo ninguno ocasión tan favorable como la presente; porque sus empresas no fueron más justas ni más fáciles que esta, ni Dios les fue más benigno de lo que lo es con vos. Que es justicia grande: *iustum enim est bellum quibus necessarium, et pia arma ubi nulla nisi in armis spes est.* Aquí hay disposición favorable; y donde hay disposición favorable no puede haber grandes dificultades, y solo falta que vuestra casa se inspire en los ejemplos de los hombres que he propuesto por modelos. Además, se ven aquí acontecimientos extraordinarios, sin precedentes, ejecutados por voluntad divina: las aguas del mar se han separado, una nube os ha mostrado el camino, ha brotado agua de la piedra y ha llovido maná; todo concurre a vuestro engrandecimiento. A vos os toca lo demás.

Dios no quiere hacerlo todo para no quitarnos el libre albedrío ni la parte de gloria que nos corresponde.

No es asombroso que ninguno de los italianos a quien he citado haya podido hacer lo que es de esperar que haga vuestra ilustre casa, ni es extraño que después de tantas revoluciones y revueltas guerreras parezca extinguido el valor militar de nuestros compatriotas. Pero se debe a que la antigua organización militar no era buena y a que nadie ha sabido modificarla. Nada honra tanto a un hombre que se acaba de elevar al poder como las nuevas leyes y las nuevas instituciones ideadas por él, que si están bien cimentadas y llevan algo grande en sí mismas,, lo hacen digno de respeto y admiración. E Italia no carece de arcilla modelable. Que si falta valor en los jefes, sóbrales a los soldados. Fijaos en los duelos y en las riñas, y advertid cuán superiores son los italianos en fuerza, destreza y astucia. Pero en las batallas, y por culpa exclusive de la debilidad de los jefes, su papel no es nada brillante; porque los capaces no son obedecidos; y todos se creen capaces, pero hasta ahora no hubo nadie que supiese imponerse por su valor y su fortuna, y que hiciese ceder a les demás. A esto hay que atribuir el que, en tantas guerras habidas durante los últimos veinte años, los ejércitos italianos siempre hayan fracasado, como lo demuestran Taro, Alejandría, Capua, Génova, Vailá, Bolonia y Mestri.

Si vuestra ilustre casa quiere emular a aquellos eminentes varones que libertaron a sus países, es preciso, ante todo, y como preparativo indispensable a toda empresa, que se rodee de armas propias; porque no puede haber soldados más fieles, sinceros y mejores que los de uno. Y si cada uno de ellos es bueno, todos juntos, cuando vean que quien los dirige, los honra y los trata paternalmente es un príncipe en persona, serán mejores. Es, pues, necesario organizar estas tropas para defenderse, con el valor italiano, de los extranjeros. Y aunque las infanterías suiza y española tienen fama de temibles, ambas adolecen de defectos, de manera que un tercer orden podría no solo contenerlas, sino vencerlas. Porque los españoles no resisten a la caballería, y los suizos tienen miedo de la infantería que se muestra tan porfiada como ellos en la batalla. De aquí que se haya visto y volverá a verse que los españoles no pueden hacer frente a la caballería francesa, y que los suizos se desmoronan ante la infantería española. Y por más que de esto último no tengamos una prueba definitiva, podemos darnos una idea por lo sucedido en la batalla de Ravena, donde la infantería española dio la cara a los batallones alemanes, que siguen la misma táctica que los suizos; pues los españoles, ágiles de cuerpo, con la ayuda de sus broqueles habían penetrado por entre las picas de los alemanes y los acuchillaban sin riesgo y sin que estos tuviesen defensa, y a no haber embestido la caballería, no hubiese quedado alemán con vida. Por lo tanto, conociendo los defectos de una y otra infantería, es posible crear una tercera que resista a la caballería y a la que no asusten los soldados de a pie, lo cual puede conseguirse con nuevas armas y nueva disposición de los combatientes. Y no ha de olvidarse que son estas cosas las que dan autoridad y gloria a un príncipe nuevo.

No se debe, pues, dejar pasar esta ocasión para que Italia, después de tanto tiempo, vea por fin a su redentor. No puedo expresar con cuánto amor, con cuánta sed de venganza, con cuanta obstinada fe, con cuanta ternura, con cuántas lágrimas, sería recibido en todas las provincias que han sufrido el aluvión de los extranjeros. ¿Qué puertas se le cerrarían? ¿Qué pueblos negaríanle obediencia? ¿Qué envidias se le opondrían? ¿Qué italiano le rehusaría su homenaje? A todos repugna esta dominación de los bárbaros. Abrace, pues, vuestra ilustre familia esta causa con el ardor y la esperanza con que se abrazan las causas justas, a, fin de que bajo su enseña la patria se ennoblezca y bajo sus auspicios se realice la aspiración de Petrarca:

La virtud tomará las armas contra el atropello, el
combate será breve, puesto que el antiguo valor
en los corazones italianos aún no ha muerto.